Hanna Backhaus

Kronprinz oder Nesthäkchen?

Wie die Geschwisterposition den Charakter Ihres Kindes prägt

oncken family Eltern & Kinder

Herausgegeben von Claudia Filker

Bildnachweis:

Titelbild: ZEFA; Illustrationen: Dietmar Reichert

Gesamtgestaltung: Dietmar Reichert, Dormagen

Druck: EGEDSA, Spanien

ISBN 3-7893-7463-6

Bestell-Nr. 627 463

Inhaltsverzeichnis

Vorwort

„Mamaaaa! Maaama!!“, schrie ich schon im Flur durchs ganze Haus. Keine Antwort. Kein Mensch zu Hause. Mir, die ich zum ersten Mal aus meinem Studienort nach Hause kam, machte diese Leere schmerzlich bewusst: Hier gehöre ich nicht mehr hin. Ich bin von nun an auf mich selbst gestellt. Jeder hat wohl in diesem Zusammenhang sein eigenes Aha-Erlebnis, dies war meins.

Die momentane Leere meines Elternhauses machte mir schlagartig klar: Meine Eltern, meine sieben Geschwister, in deren Verbund ich bis dahin meinen festen Platz eingenommen hatte, waren nicht mehr mein Umfeld. Diese Familie war sozusagen meine Startrampe gewesen, war jetzt aber nicht mehr das unlösliche Geflecht, in dem ich meinen Platz ausfüllen musste.

Ich bin das dritte Kind meiner Eltern, in ihrem dritten Ehejahr wurde ich geboren. Innerhalb der nächsten neun Jahre kamen noch fünf weitere Kinder dazu. In einer solch großen Geschwisterschar bilden sich immer Untergruppen; sozusagen Familien in der Familie. So war ich einerseits die jüngere Schwester eines Bruders und einer Schwester, andererseits war ich die ältere Schwester für eine jüngere Schwester und vier Brüder. Habe also die Züge eines jüngsten, eines mittleren und eines ältesten Kindes. Mit diesem Potential wurde ich in mein Leben entlassen, das ich von nun an selbst gestalten wollte. An jenem Tag, an dem ich allein im Flur stand, kam ich mir vor wie ein aus dem Nest geschubster Vogel, der auf dem Erdboden sitzt, sich umguckt und merkt: Jetzt muss ich fliegen lernen.

Natürlich erlebt jeder die Loslösung vom Elternhaus auf seine Weise. Der eine ist froh, die Enge des Nestes verlassen zu können, in dem alle um die Wette piepen und schreien, damit ihre Bedürfnisse wahrgenommen und befriedigt werden.

Der andere bemerkt schmerzlich: Jetzt hilft kein Schreien und Fordern mehr, jetzt bin ich auf mich selbst gestellt.

Die Nesthocker bleiben gleich sitzen im Nest und lassen sich bedienen im Hotel Mama, genießen die Vorteile und blenden die Nachteile aus.

Auf meinem Weg ins Erwachsenenleben musste ich mich zunächst mir selbst stellen, meinen Ängsten, meinen Abneigungen, meinen lieb gewonnenen Gewohnheiten, die andere aber nicht mögen. Diese inneren Auseinandersetzungen halten an oder dringen nach außen, zum Beispiel in der Ehe mit einem Mann, der ganz anders ist. Oder im Zusammenleben mit meinen drei Kindern, die mir deutlicher als jeder andere vor Augen führen, wo meine Begabungen, aber auch meine Grenzen sind.

Im Zusammenleben mit diesen vier Menschen wurden Spuren, die meine Kindheit hinterlassen hatte, aufgedeckt. Dazu kommt das große Beziehungsgeflecht in Verwandtschaft, Beruf und Gemeinde. In all dem begegne ich nicht nur den anderen, sondern auch immer wieder mir selbst.
Erst nach der Ablösung von der Ursprungsfamilie können wir uns richtig kennen lernen. Wir entdecken die Verhaltensmuster und auch die Verhaltensnotlösungen, die wir uns dort angeeignet haben. Wir erleben sie als Schutz, als Begrenzung und immer wieder als Konfliktpotential. Jeder hat aus den Erfahrungen seiner Kindheit sein

ganz eigenes Lebenshaus gebaut und selbstverständlich muss er auch darin leben.
Dieses Buch beschreibt das Baumaterial, das die Geschwisterkonstellation einer Person liefert. Mit diesem Material baut ein Mensch je nach dem ihm mitgegebenen Talent und Temperament sein Lebenshaus.
Dieses Buch gibt Ihnen die Möglichkeit, sich mit sich selbst unter dem Aspekt der Geschwisterkonstellation auseinander zu setzen. Auch die Entwicklung der eigenen Kinder aus diesem Blickwinkel zu sehen, ist interessant. Eine solche Betrachtungsweise kann zeigen: Eltern sind nicht an allem „schuld"; auch die Geschwister erziehen sich untereinander, allein schon durch die Position, in die sie hineingeboren werden.
Wozu kann eine solche Selbstanalyse dienen? Wie kann ich dieses neu gewonnene Wissen über mich verwerten, so dass es gute Früchte trägt in meinem alltäglichen Leben und die Menschen, die mit mir leben, davon profitieren können?

Eltern sind nicht an allem „schuld"; auch die Geschwister erziehen sich untereinander, allein schon durch die Position, in die sie hineingeboren werden.

Wichtiger denn je ist in unserer Zeit, dass die Familie der Ort der Geborgenheit und die Zukunftswerkstatt unserer Gesellschaft ist. Ich bin überzeugt, es ist ein lohnendes Unternehmen, wenn wir in dieser Keimzelle der eigenen Familie ansetzen und uns fragen: Wie kann ich mit meiner eigenen Prägung – und vielleicht trotz meiner eigenen Prägung – Familie so gestalten, dass aus ihr wiederum lebensfähige Menschen hervorgehen? Sie mögen wie ich weder perfekt noch unbeschädigt sein, aber lebenstüchtig sollen sie sein und das auch ihren Kindern wiederum weitergeben. Was macht solche Lebenstüchtigkeit aus?
Ich glaube an einen Gott, der uns zu seinem Ebenbild und Gegenüber geschaffen hat. Ich gehe davon aus, dass wir in unserem Menschsein Gott ähnlicher sind, als wir meinen. Wir nehmen in der Regel an, dass unsere Unvollkommenheit uns von ihm trennt. Ich bin überzeugt, es ist weniger unsere Unvollkommenheit als unsere Überheblichkeit, die uns von ihm trennt. Wir sind überheblich, wenn wir Gott nicht anerkennen als den, der er ist: nämlich der Einzige, der unser Leben wirklich durchblickt und infolgedessen auch den Maßstab für dieses Leben geben darf. Wenn ich aber glaubend davon ausgehe, dass einzig Gott mein Leben in der Hand hält, dann ist es sinnvoll und ertragreich, mir Gedanken zu machen, wie ich mit meiner Prägung in meiner Familie so leben und umgehen kann, dass es für mich und die anderen ein Gewinn ist. Darin erfüllt sich Lebenstüchtigkeit im besten Sinne.

Nicht zuletzt soll das Buch auch Hilfestellung zur Gestaltung des Familienlebens geben. Denn jede Familie hat eine eigene Atmosphäre, die von Eltern und Kindern geprägt wird. Wenn wir im Bild des Lebenshauses bleiben, ist das Familienleben der Mörtel. Es fügt das Baumaterial, das die Geschwisterposition liefert, zusammen. Die Geborgenheit eines familiären Beziehungsgeflechts gibt einem Menschen die Stabilität, die ihn lebenslang trägt.

Einleitung

Über die Bedeutung des Familienverbandes für den Menschen

Wenn ein Baby kurz nach der Geburt seinen ersten Schrei ausstößt, sind seine Eltern dabei. Kurz danach lernt es auch seine älteren Geschwister kennen. Die ersten Menschen, die es wahrnimmt, sind Eltern und Geschwister. Sie gehören zu jedem Menschenleben dazu. Selbst Einzelkinder sind irgendwann einmal konfrontiert mit Geschwistern. Dann nämlich, wenn es heißt: „Du bist wie Tante Erna!" So spielt es für das Kind eine Rolle, dass die eigene Mutter eine Schwester hat, auch wenn es selbst ohne Geschwister aufwächst. Durch die Eltern ist es mit deren Geschwisterposition konfrontiert, die auch das Zusammensein mit den Eltern und damit auch sein Leben prägt.

Kein Mensch kann sich die Familie aussuchen, in die er hineingeboren wird. Sie ist ein wesentlicher Faktor, der sein Charakterbild und seinen Lebensverlauf entscheidend beeinflusst.

Geschwister, die Beziehung fürs Leben

Geschwister werden heute für viele Menschen wieder wichtiger, weil andere zwischenmenschliche Beziehungen lustbetont und kurzlebig geworden sind. Möglicherweise muss man aufgrund der Arbeitsmarktlage öfter den Wohnort wechseln, so dass Freundschaften keine Zeit zum Wachsen haben. Wenn dann noch der Partner als Lebensabschnittsgefährte begriffen wird, gewinnen die gewachsenen Beziehungen der Ursprungsfamilie neu an Bedeutung.

Deswegen sind Geschwister mehr als interessant, denn unabhängig von der Qualität der Geschwisterbeziehung haben die meisten Menschen bis ins hohe Alter Kontakt zu ihren Geschwistern. Das Verhältnis zu den Geschwistern wird damit zur längsten Beziehung unseres Lebens und verdient als solche eine Menge Aufmerksamkeit.

Die Familienforschung legt oft ein großes Gewicht auf die Eltern-Kind-Beziehung. Welch bedeutende Rolle die Geschwister für die Entwicklung eines Kindes haben, ist dabei manchmal vernachlässigt worden. Schließlich sind es die Geschwister, die in erster Linie den Alltag miteinander verbringen. Sie spielen miteinander, helfen sich gegenseitig, trösten sich und natürlich sind sie auch eifersüchtig aufeinander und streiten oft und verbissen. Trotzdem halten sie im Ernstfall zusammen gegen die Übermacht der Eltern und die der ganzen Welt.

Geschwister haben durch ihre ständige Präsenz großen Einfluss aufeinander. Allein ihre oft ähnliche Körpergröße, Motorik, Mimik und Stimmlage macht sie füreinander zum Spiegelbild.

Schon bei Kindern unter einem Jahr lässt sich beobachten, dass sie voller Interesse auf andere Kinder reagieren, dass sie mit ihnen Kontakt aufnehmen und sie berühren wollen und anders auf sie zugehen als auf Erwachsene.
Manchmal können wir auch beobachten, dass sich ein Kleinkind, das weint, eher von einem Geschwisterkind als von Mutter oder Vater trösten lässt. Es kann passieren, dass ein Geschwisterkind den Eltern erklärt, was dem Kleineren fehlt.

Was wir in unserer ersten Familie lernen

Eltern sind der Dreh- und Angelpunkt im Leben eines Kindes. Die Aufmerksamkeit der Eltern auf sich zu lenken, das ist Sinn und Ziel der meisten Unternehmungen eines kleinen Kindes. Sowie ein Kind Geschwister bekommt, beginnt der Kampf um die elterliche Zuwendung. In der Familie erleben Geschwister erstmals Konkurrenz.
Die Angst, dass der andere von den Eltern besser behandelt oder die andere in irgendeiner Weise bevorzugt wird, erzeugt eifersüchtige Gerechtigkeitsfans und echte Neidhammel. Und immer dreht sich der Streit der Geschwister um den besseren Platz unter der elterlichen Sonne. Im Mittelalter war es vielleicht noch das größere Stück Brot, das diese Angst hervorrief, heute ist es das bessere Weihnachtsgeschenk des Bruders.

Eltern sind der Dreh- und Angelpunkt im Leben eines Kindes. Die Aufmerksamkeit der Eltern auf sich zu lenken, das ist Sinn und Ziel der meisten Unternehmungen eines kleinen Kindes.

Jedes Kind entwickelt in diesem „Überlebenskampf“ seine eigene Strategie. Erstgeborene üben im Umgang mit jüngeren Geschwistern ein autoritäres Machtgehabe ein. Die Erkenntnis, die Liebe der Eltern teilen zu müssen, schmerzt sie und macht sie reizbar. Eigenschaften wie Eifersucht, Rachegelüste, Neigung zur Gewalttätigkeit, aber auch Disziplin und Verantwortungsbewusstsein zeichnen sie aus, während die später geborenen Kinder gezwungen sind, eine eigene Nische zu suchen, die ihrem Temperament und ihren Begabungen entspricht. Darum zeichnet sie eine Flexibilität aus, mit welcher die älteren Geschwister nicht aufwarten können. Meist sind sie kreativ, friedlich und freundlich, genauso haben sie einen ausgeprägten Sinn für Gerechtigkeit, der sie immer wieder in die Rebellion treibt – oder sie zu sanften Widerständlern macht, die still, wenn es sein muss auch gegen den Widerstand der Eltern und Geschwister, ihren eigenen Weg gehen.
Der Wissenschaftshistoriker Frank J. Sulloway hat in seinem Buch „Der Rebell der Familie“ nachgewiesen, dass in diesem Konkurrenzkampf der Kinderstube das Potenzial für Kreativität und Innovation liegt. Mit dem Kampf ums Überleben wird ein Mensch also konfron-

tiert, sobald er in den Kreis seiner Familie eintritt. Hier erlebt er die engsten und intimsten Beziehungen seines Lebens, bis er später eine eigene Familie gründet. Niemals aber ist er prägenderen Einflüssen ausgesetzt als denen seiner ersten Familie.

Dies beruht allein schon auf der Tatsache, dass ein Menschenkind bei seiner Geburt unfähig ist, sich selbst am Leben zu erhalten. Es ist also total abhängig von der Fürsorge der Erwachsenen. Diese Phase extremer Abhängigkeit zeichnet sich aus durch ungeheure Prägbarkeit. Das Kind lernt in erster Linie durch Nachahmung, zu einem lebenstüchtigen Individuum zu werden.

Die Beziehung zu den Eltern ist aber nicht nur von ungeheurer Bedeutung, sie gestaltet sich auch fließend und dynamisch. Sobald

ein neues Kind in die Familie hineingeboren wird, verschiebt sich das gesamte Familiengefüge. Die Karten werden neu gemischt, das Spiel beginnt von vorne. Jeder Mitspieler muss nun aus dem Blatt, das er in der Hand hält, das Beste machen. Er (oder sie) bekämpft dabei andere, verbündet sich mit dem Nächsten, preist sich an, teilt sich mit, kombiniert, täuscht und gewinnt oder verliert am Ende mehr oder weniger für sich. Einen wesentlichen Anteil am Ausgang des Spiels für das einzelne Familienmitglied haben die Eltern. Ihre Träume, ihre Vorstellungen, ihre Prägung bestimmen den Umgang miteinander.
Natürlich trägt auch das angeborene Temperament eines jeden Mitspielers dazu bei, wie sich die Familie entwickelt. Was ein Kind an innerfamiliären Verhaltensmustern geerbt und erlebt hat, wendet es später in seinen außerfamiliären sozialen Beziehungen wieder an. Je größer die Ähnlichkeit zwischen frühesten und späteren Beziehungen, desto besser ist die Aussicht auf Erfolg und Bestand der Letzteren. So nimmt schon mit dem allerersten Schrei das seinen Anfang, was sich im späteren Leben abspielt.

Wer sich mit der eigenen Rolle im Familienverband auseinander gesetzt hat, hat ganz andere Chancen, seine Kinder bei der Entwicklung positiver geschwisterlicher Beziehungen zu unterstützen.

Eltern sind auch Geschwister

Wer selbst Vater oder Mutter ist, hat einen zusätzlichen Grund, sich intensiv mit dem Thema „Geschwister“ zu befassen. Wer sich mit der eigenen Rolle im Familienverband auseinander gesetzt hat, hat ganz andere Chancen, seine Kinder bei der Entwicklung positiver geschwisterlicher Beziehungen zu unterstützen. Die Erinnerungen an eigene Erlebnisse und Emotionen mit Geschwistern helfen, die eigenen Kinder in ihrer Situation besser zu verstehen. Dabei muss uns bewusst bleiben, dass wir das eigene Erleben immer auch auf unsere Kinder übertragen.
Untersuchungen belegen: Elternteile identifizieren sich am ehesten mit demjenigen Kind, das die gleiche Geschwisterposition wie sie selbst einnimmt. Sie können sich einfach viel besser in dieses Kind hineindenken und -fühlen und übertragen so auch die eigenen Erfahrungen auf ihre Kinder. Auf diese Weise spielt die eigene Geschwisterposition mit ihrem ganz individuellen Erleben in die Erziehung eigener Kinder mit hinein.

Kapitel 1

Wie die Geschwisterposition das Leben beeinflusst

DAS ERSTGEBORENE KIND

Das erste Kind macht aus einem Paar ein Elternpaar. Weil die zukünftige Phase mit vielen unbekannten Größen verbunden ist, gerät das Paar unter mehr oder weniger freudigen Stress. Um unliebsame Überraschungen zu vermeiden, plant und organisiert man alles bis ins kleinste Detail. Ein Geburtsvorbereitungskurs und ein Kurs für Babypflege gehören zu den Selbstverständlichkeiten. Besonders wenn die werdenden Eltern selbst Erstgeborene sind, die alles richtig machen wollen, legen sie schon vor der Geburt ein Sparbuch für ihr Kind an. Alles soll perfekt vorbereitet sein.

Die Geburt naht. Statt sanfter Unterwassergeburt wird es ein Kaiserschnitt, und das Stillen klappt auch nicht so wie im Stillbuch beschrieben; trotzdem wird vom ersten Moment an alles konsequent im Bild festgehalten. Schauen Sie doch mal in Ihr Familienalbum, das erste Kind ist fast immer im Bilde.

Weil man bei anderen Elternpaaren schon gesehen hat, wie Erziehung nicht laufen sollte, starten die frisch gebackenen Eltern die ersten

Erziehungsversuche. Nicht alles läuft so, wie es sollte, also probiert man dies oder jenes aus. Das Kind wird zum Versuchskaninchen der Eltern.
In der Regel ist ein Elternteil überbehütend und ängstlich, während der andere eher auf das Einhalten bestimmter Regeln und Leistungen achtet. Der Erziehungsstil der Eltern ist noch nicht aufeinander abgestimmt, deshalb muss das erste Kind flexibel sein. Viele Erstgeborene haben daher zwei Gesichter. Einerseits sind sie aufgeschlossene und vertrauensvolle Menschen, andererseits können sie zugeknöpft und abweisend sein. Sie wollen die Erwartungen der Eltern erfüllen, müssen sich aber immer wieder verschließen, weil sie gerade nicht wissen, welchem der beiden Elternteile sie folgen sollen.
Erstgeborene nehmen die Eltern zum Vorbild, eifern ihnen nach und versuchen ihren Erwartungen gerecht zu werden. In der Regel lernen sie früher als ihre nachfolgenden Geschwister laufen und sprechen, wahrscheinlich als Antwort auf den Ergeiz der Eltern, aus reiner Selbstverteidigung. Auf jeden Fall nehmen sie die Anforderungen der Eltern (und des Lebens) sehr ernst und versuchen ihnen gerecht zu werden. Dabei entwickeln sie Eigenschaften wie Gewissenhaftigkeit, Pünktlichkeit, Organisationstalent und Konzentrationsfähigkeit. Sie sind frühzeitig wie kleine Erwachsene, denn sie möchten gerne den Ansprüchen ihres Umfeldes genügen.
Dafür nehmen sie auch das Privileg für sich in Anspruch, ein Wörtchen mitreden zu dürfen im Familiengeschehen. Gerne geben sie ihren Eltern Ratschläge, wie man die jüngeren Kinder am besten erzieht.
Sie sind gut vorbereitet, um später leitende Funktionen zu übernehmen, denn sie wissen, wo es langgeht. Sie selbst sind ausgesprochen kritisch gegenüber Leuten, die ihnen Vorschriften machen oder ihnen die Führung aus der Hand nehmen wollen. Erstgeborene kommen gut zurecht mit Menschen aus jüngeren Geschwisterpositionen, denn die sind es gewöhnt, sich etwas sagen zu lassen.
Um Durchblick zu haben, brauchen Älteste klare Strukturen. Diese erarbeiten sie sich, bevor sie eine Aufgabe angehen. Dabei sind ihnen Listen und Statistiken eine große Hilfe. Erstgeborene behalten übrigens auch den Überblick, wenn ihr Schreibtisch oder ihr Büro im Chaos zu versinken scheint.
Erstgeborene schaffen sich gerne Besitz, einmal in Form von materiellen Sicherheiten, aber auch in Form von Wissen. Sie wollen alles gern ganz genau wissen. Daher studieren erste Kinder oft lange und intensiv auch mehrere Studiengänge und sind sicher mehr als ande-

re Geschwistertypen in Forschung und Wissenschaft anzutreffen. (Übrigens war der erste Mensch, der den Mond betrat, ein Erstgeborener, und auch sonst sind überdurchschnittlich viele Erstgeborene in der Raumfahrt tätig.)
Herausragende Merkmale von Erstgeborenen sind: Leistungsbereitschaft und Leistungsstärke, Organisationstalent, Gewissenhaftigkeit, Forschungsdrang und Genauigkeit.

Aber nicht alle Erstgeborenen wirken auf den ersten Blick so leistungsorientiert, es gibt unter ihnen auch Typen, die eher nachgiebig und warmherzig sind und allen gern gefallen möchten. Solche Menschen verwenden ihre Energie in erster Linie darauf, im zwischenmenschlichen Bereich anerkannt zu sein. Diese Anerkennung verdienen sie sich selbstverständlich auch mit den oben erwähnten Eigenschaften.
Erstgeborene haben die Sehnsucht, den Eltern zu gefallen. Immer wieder lassen sie sich von den Eltern versichern, dass sie noch richtig liegen mit ihrer Art, das Leben anzugehen. Sie brauchen die Anerkennung von Vater und Mutter. Wird ihnen diese versagt, können sie leicht resignieren. Manche entwickeln aus diesem Grund ein überstarkes Anpassungsbedürfnis. Sie sind sehr tolerant anderen gegenüber und stehen in der Gefahr, sich ausnutzen zu lassen oder alles widerspruchslos hinzunehmen. Wenn ihnen alles zu viel wird, grenzen sie sich auf manchmal unerwartet heftige Weise ab oder resignieren, teilweise werden sie sogar depressiv.
Diese Erstgeborenen sind Heger und Pfleger. Deshalb treffen wir sie, mehr als andere, in sozialen und pflegerischen Berufen an. Solche Menschen wirken vertrauenerweckend auf andere, man schließt sich ihnen gerne an und lässt sich von ihnen leiten. Es gibt unter ihnen auch die ausgesprochen willensstarken Typen, die sehr dominant auftreten und ein starkes Bedürfnis haben, im Mittelpunkt zu stehen. Dabei muss alles in ihrer Umgebung nach ihrer Vorstellung funktionieren; möglichst auch die Menschen.

Probleme Erstgeborener

Die große Menge an Aufmerksamkeit, die einem ersten Kind zuteil wird, bedeutet für das Kind auch Druck; wer im Rampenlicht steht, muss stets sein Bestes geben. Erstgeborene müssen einfach ein bisschen schneller groß werden, von ihnen erwartet man, dass sie sich früh wie Erwachsene benehmen, denn auch ihre Eltern orientieren sich zuerst am Maßstab der Erwachsenen, es sind eben noch keine

dem Kind vergleichbaren Familienmitglieder vorhanden. Unausgesprochen wissen Erstgeborene, was man von ihnen erwartet.
Es ist übrigens statistisch erwiesen, dass das Einhalten von Regeln und Gesetzen von jedem weiteren Kind weitaus weniger gefordert wird als von dem ersten.
Erstgeborene müssen auch mehr als die anderen Geschwister im Haushalt und bei der Betreuung jüngerer Geschwister mithelfen.
Auffallend ist, dass Erstgeborene oft Hilfe in Beratungsstellen suchen. Sie geben stets ihr Bestes, sind zuverlässig und gewissenhaft, aber wollen dann auch vollkommen und perfekt sein. Gelingt ihnen das nicht, geraten sie in Gewissenskonflikte, sie sind frustriert und werden von Schuldgefühlen geplagt. In dieser Situation suchen sie nach Menschen, die ihnen helfen können.

Tipps für Erstgeborene

Als Erstgeborener sind Sie sicher ein zuverlässiger und gewissenhafter Mensch; das ist zuerst einmal ein großer Vorteil. Sie neigen dazu, in allem perfekt sein zu wollen oder auch sich zu viel auf einmal aufzuladen. Denken Sie auch mal an sich selbst und vergessen Sie nicht, das Leben immer wieder dankbar zu genießen. Einfach so! Perfektionismus ist eine Art Selbstmord auf Raten. Sie brauchen Zeit für sich selbst, um tun und lassen zu können, was Ihnen Spaß macht.
Denken Sie daran, Freizeit bewusst einzuplanen. Üben Sie sich im Neinsagen, wenn man Ihnen das fünfte Ehrenamt anträgt. Sie wollen alles genau wissen. Lassen Sie sich nicht beirren, dieser Charakterzug ist Ihre Art, Struktur in eine Sache zu bringen.
Wenn Sie Entscheidungen treffen müssen, lassen Sie sich Zeit. Setzen Sie sich nicht dem Druck Ihrer Mitmenschen aus, um dann Dinge übers Knie zu brechen, für die Sie normalerweise mehr Zeit benötigen. Und entdecken bzw. entwickeln Sie Ihren etwas zu tief liegenden Sinn für Humor; lachen Sie auch mal über Fehler, am besten über Ihre eigenen.

Tipps für die Erziehung Erstgeborener

Wenn ein weiteres Kind in der Familie erwartet wird, stimmen Sie Ihr Ältestes frühzeitig darauf ein. Beziehen Sie es in die Vorbereitungen mit ein und schenken Sie ihm auch nach der Geburt des zweiten Kindes bewusst Ihre ungeteilte Aufmerksamkeit. Das Jüngere bekommt naturgemäß allein durch das häufige Füttern und Wickeln genug Zuwendung.
Machen Sie Ihre Verwandten und Bekannten beim Antrittsbesuch für das neue Baby darauf aufmerksam, dass Sie schon ein Kind haben, das auch beachtet werden möchte. Bei der Bewunderung des Babys ist den Erwachsenen oft nicht bewusst, dass da ein Kind im Hintergrund steht, welches vor Eifersucht und Neid kocht, wenn es die Entzückensschreie der Erwachsenen hört.
Auch wenn die Versuchung groß ist, bürden Sie Ihrem älteren Kind nicht zu viele Pflichten auf, es könnte sonst für sich zu dem Eindruck kommen: Nur wenn ich etwas leiste, bin ich anerkannt und geliebt. Zudem könnte der ohnehin in ihm angelegte Perfektionismus gefördert werden. Benutzen Sie Ihr älteres Kind nicht gegen seinen Willen als Kindermädchen. Kinder sind ungleichmäßige und ungerechte Erzieher. Älteste sollten nicht nur Pflichten haben, sondern auch besondere Rechte, die ihrem Alter entsprechen.

Mitunter muss man die Rechte des Älteren gegen die Jüngeren verteidigen und ihnen klar machen, dass sie zu gegebener Zeit auch noch in den Genuss dieser Vorzüge kommen werden. Dies wird dem Erstgeborenen helfen, nicht ständig eifersüchtig seine Position verteidigen zu müssen.

Machen Sie sich als Eltern immer wieder bewusst, dass der Hang zum Perfektionismus in Ihrem ältesten Kind stets vorhanden ist. Deshalb lassen Sie auch mal fünf gerade sein und gehen Sie mit Fehlern und Versagen nicht zu pingelig und engstirnig um.

Aus Unsicherheit reagieren Eltern bei ihrem ersten Kind oft überängstlich und übertragen diese Angst auch auf das Kind. Vermitteln Sie die Grundstimmung: Jeder macht Fehler und in jedem Leben geht mal etwas schief, aber davon geht die Welt nicht unter. Falls Sie selbst Erstgeborene/r sind, sollten Sie auf diesen Punkt besonders achten.

DAS EINZELKIND

Das Einzelkind ist in seiner Art einmalig in der Familie. Infolgedessen bleiben viele Einzelkinder bis ins Erwachsenenalter das „Kind" in der Familie. Die ungeteilte Liebe und Aufmerksamkeit der Erwachsenen sind diesem einzigen Exemplar seiner Gattung sicher. Es ist der Stolz und die Freude der Eltern, meistens auch noch der Großeltern.

Es bekommt ihre Beachtung, ihre Zustimmung und ihre Teilnahme. Es kann zu jeder Zeit mit ihrer Hilfe rechnen.

Materieller Besitz bedeutet einem Einzelkind eher weniger, sein größter Schatz sind die Eltern und jeder, der später an ihre Stelle tritt. Daher sind Einzelkinder oft ausgesprochen treue Menschen.

Haben sie sich für einen Partner entschieden, bleiben sie diesem und damit sich selbst treu.

Einzelkinder, deren frühkindliche Kontakte sich vorwiegend auf Erwachsene konzentrierten, haben im späteren Leben auch das Bedürfnis, im Zentrum des Interesses ihrer Mitmenschen zu stehen; sie geben es sicher nicht gern zu, aber sie stehen für sich selbst unter dem Eindruck, ihr Arbeitplatz, ihre Familie und ihr Freundeskreis seien die Bühne, auf der sie sich präsentieren und ihre Talente entfalten müssen.

Zahl der Einzelkinder bleibt konstant

Im Jahr 2000 wuchsen in Deutschland 6,5 Millionen Kinder ohne Geschwister auf; rund 1,4 Millionen leben in den neuen, gut 5 Millionen in den alten Bundesländern. Damit hat sich die Zahl der Einzelkinder zumindest in den alten Bundesländern im Vergleich zu den Fünfzigerjahren kaum verändert.

Statistisches Bundesamt 2001

Sie nehmen die Zuwendungen anderer selbstverständlich und ohne Dank hin, denn sie sind es von klein auf gewöhnt, dass man ihnen gerne gibt.
Einzelkinder sind ähnlich wie Erstgeborene: zuverlässig, gewissenhaft, verlässlich, kritisch, ernsthaft, vorsichtig und konservativ. Sie nehmen ihr Selbstbewusstsein nicht vorwiegend aus der Leistung, die sie erbringen, sondern aus der Zuneigung der Eltern. Sie ist ihnen Beweis genug für die Wichtigkeit ihrer Person.

Probleme von Einzelkindern

Wenn die Eltern eines Einzelkindes übermäßig streng auf Disziplin achten, ihr Kind selten loben, aber nicht versäumen, auf dessen Fehler aufmerksam zu machen, entwickelt sich das Kind oft zu einem deprimierten Perfektionisten. So nennt man Einzelkinder, die nicht mit Untauglichkeit, sondern mit einem hartnäckigen Perfektionismus zu kämpfen haben. Vor ihrem inneren Auge sehen sie ständig das hohe Ich-Ideal der Eltern, in der Wirklichkeit verhalten sie sich oft genau gegensätzlich, weil sie die Erfahrung gemacht haben, an die hohen Anforderungen der Eltern niemals heranreichen zu können.
Das ruft Bitterkeit in ihnen hervor und unterschwellig sind sie wütend, weil man ihnen das Unbeschwerte der Kindheit genommen hat. Aus Trotz verhalten sie sich auch im fortgeschrittenen Alter wie Kinder.
Einzelkinder, die mehr Selbstvertrauen entwickeln konnten, zeichnen sich oft durch starken Ehrgeiz aus. Sie glauben besser sein zu müssen als der Durchschnitt, weil sie sich ihr Leben lang am Maßstab der Erwachsenen messen mussten. Sie haben das Gefühl, nie gut genug zu sein, und stehen unter Beweis- und Rechtfertigungszwang. Dieses unterschwellige Minderwertigkeitsgefühl ist bei manchen so stark, dass sie ihr Leben lang dagegen ankämpfen müssen.
Nach außen vermitteln Einzelkinder oft den Eindruck, über den Dingen zu stehen, aber in ihrem Inneren fühlen sie sich vielen Situationen nicht gewachsen, besonders im sozialen Bereich, denn es fehlt ihnen die Erfahrung im Umgang mit Gleichaltrigen. Viele zwischenmenschliche Probleme sind ihnen im Verlauf ihrer Kindheit nie begegnet, deshalb überfällt sie immer wieder das Gefühl der Einsamkeit und Isolation.
Diese innere Einsamkeit versuchen manche durch besonderen Charme oder außergewöhnliche Leistung auszugleichen. So ist zu erklären, dass viele Einzelkinder besondere Leistungen hervorbrin-

gen. Solche bedeutenden Einzelkinder waren Albert Einstein, Sammy Davis jr. und Leonardo da Vinci.
Häufig bleiben Einzelkinder aber Einzelkämpfer. Sie haben es schwer in einem Team zu arbeiten, weil sie einfach unsicher sind im Umgang mit anderen. Sie versuchen es lieber auf eigene Faust.
Viele Einzelkinder entwickeln eine interessante Mischung in ihrer Persönlichkeit, einerseits haben sie Eigenschaften eines Erstgeborenen, andererseits auch die eines jüngsten Kindes. Beides waren sie ja auch in ihrer Familie.

Tipps für Einzelkinder

Einzelkinder sind Erstgeborene hoch drei. (Deshalb sollten Sie sich auch die Tipps für Erstgeborene ansehen!)
Supergewissenhafte und superverlässliche Einzelkinder sollten zusätzlich folgende Punkte beherzigen: Sie brauchen immer wieder Freiräume, in denen Sie tun und lassen können, was Ihnen gut tut. Das Leben und Arbeiten in der Gemeinschaft erfordert großen Kraftaufwand von Ihnen, Entspannung finden Sie im Alleinsein. Im Gegenzug dazu: Begeben Sie sich in verbindliche Gemeinschaft. Falls Sie als Kind wenig mit Gleichaltrigen zusammen waren, brauchen Sie dieses Training in Gemeinschaft und in Kommunikation.
Lassen Sie Partner oder Freunde an Ihrer Seite nicht emotional verhungern. Gehen Sie auf deren Bedürfnisse ein und äußern Sie auch Ihre eigenen. Suchen Sie Kontakte zu älteren und jüngeren Menschen. Im Bereich Ihrer Altersstufe sind Sie es gewohnt, im Mittelpunkt zu stehen.
Im Alltagsleben kann man sich die Leute, mit denen man umgehen muss, nicht immer aussuchen. Wenn es um Freundschaften geht, sollte man sich aber auf diese Weise entlasten.
Einzelkinder begegnen oft dem Vorurteil, besonders egoistisch zu sein. Schauen Sie sich Ihr Leben an und überprüfen Sie: Wie selbstsüchtig verhalten Sie sich gegenüber Ihrem Partner, Ihren Kindern, Freunden und Arbeitskollegen?
Oft konnten Eltern von Einzelkindern nur ein Kind bekommen, obwohl Sie sich mehrere Kinder wünschten; dies führte zur besonderen Ängstlichkeit und Überbehütung ihres einzigen, ersehnten Kindes. Wie ängstlich sind Sie selbst durch die von Angst geprägte Atmosphäre in Ihrem Elternhaus geworden? Inwieweit übertragen Sie diese Ängste auf Ihre Kinder?
Besonders umhegte Einzelkinder beginnen, andere zu manipulieren, um ihre Ziele zu erreichen. Dazu entwickeln sie Krankheiten oder

Gewohnheiten, zuerst Eltern gegenüber, später auch bei denen, die an deren Stelle als Bezugspersonen treten. Auch in diesem Bereich müssen Sie sich selbst überprüfen. Sprechen Sie mit Freunden und Bekannten darüber, ob Ihnen ein solches Verhalten an Ihrer Person aufgefallen ist.

Gestatten Sie sich täglich aufs Neue, unvollkommen zu sein. Wenn es sein muss, kleben Sie sich einen Zettel an den Badezimmerspiegel mit der Aufschrift: Ich darf unvollkommen sein! Ich werde Fehler machen!

Bemühen Sie sich, Kritik an sich selbst und anderen öfter mal zurückzuhalten; wenn Sie kritisieren, betrachten Sie Tat und Täter getrennt.

Benutzen Sie folgende Sätze ganz bewusst immer wieder: Ich habe Unrecht! Es tut mir Leid! Kannst du mir verzeihen?

TIPP!

Erziehungstipps für Einzelkinder

Einzelkinder brauchen dringend Kontakt zu anderen Kindern. Besuchen Sie mit dem Kind einen Spielkreis oder gründen Sie selbst einen. Gliedern Sie sich mit ihrer Familie in eine Gemeinschaft ein, in der auch Ihr Kind Kontakte zu Gleichaltrigen knüpfen kann (Kirchengemeinde, Sportverein, Interessengemeinschaften ...).

Lassen Sie Ihr Kind im Kindergarten oder in der Schule Erfahrungen im Umgang mit den anderen machen, ohne ständig behütend einzugreifen, um das Kind vor der Ungerechtigkeit der Welt zu schützen.

Verwöhnen Sie Ihr Kind nicht auf übertriebene Art und Weise, lassen Sie es vernünftige Grenzen erfahren. Lassen Sie das Kind Wertschätzung spüren, auch ohne dass es besondere Leistungen erbringt, und es wird Vertrauen zu sich selbst gewinnen. Eine stark leistungsorientierte Erziehung und hohe Erwartungen bestärken den ohnehin angelegten Perfektionismus unnötig.

Lassen Sie Ihr Kind zu gegebener Zeit los. Halten Sie sich nicht deshalb an ihm fest, weil es ja Ihr einziges ist, denn: Kinder sind wie ein Bumerang, man muss sie loslassen, wenn sie zu einem zurückkehren sollen!

DAS ZWEITGEBORENE KIND

Ein zweites Kind kommt ins gemachte Nest. Die Eltern haben die erste Probe in Sachen Erziehung bestanden, und wenn nichts Außergewöhnliches dazwischenkommt, gehen sie das zweite Kind gelassen an.

Sobald das Zweitgeborene seine Umwelt wahrnimmt, stellt es fest: Da ist jemand so wie ich! Und schon beginnt es diesem Vorbild nachzueifern. Irgendwann begreift es, dass es mit dem anderen Kind nicht konkurrieren kann, es fängt an, einen eigenen Weg einzuschlagen. In der Regel einen Weg, der im Gegensatz zu dem des Erstgeborenen steht.

So ist auch zu erklären, dass dieselbe Mutter und derselbe Vater zwei Kinder haben können, die ebenso gut aus unterschiedlichen Familien stammen könnten.

Erstgeborene sind bekanntlich erwachsenenorientiert, gewissenhaft, fleißig und ernsthaft, während zweite Kinder entweder faul und lernunwillig oder oft auch fröhlich, entspannt und unbeschwert sind.

Aus Untersuchungen geht hervor, dass zweite Kinder am Anfang ruhiger und anspruchsloser sind. Erst zwischen zweitem und drittem Lebensjahr beginnt das Zweitgeborene, das ältere Kind als Rivalen wahrzunehmen. Zu zweit kämpfen sie nun um die Aufmerksamkeit und Zuneigung der Eltern.

Bleiben diese beiden Kinder die einzigen in der Familie, ergeben sich in der Regel zwei Situationen: Das zweite Kind unterliegt im Machtkampf gegen die Stärke des Erstgeborenen und zieht sich resigniert in sich selbst zurück, oder es entwickelt Eigenschaften, mit deren Hilfe es sich seinen eigenen Platz im Familienverband sichern kann. Um die für jeden Menschen lebensnotwendige Anerkennung zu bekommen, geht jedes Kind seinen eigenen Weg. Das ist mit ganz natürlichen Kämpfen verbunden und der ganz eigene Mensch ist das Ergebnis, mit all seinen Möglichkeiten.

Die zweiten Kinder zeichnen sich durch Sensibilität und Anpassungsfähigkeit aus. Sie können sich in andere Menschen einfühlen und Kompromisse in allen Lebenslagen schließen. Genauso gelingt es ihnen aber auch, andere zu manipulieren, weil sie wissen bzw. spüren, welche Register man ziehen muss, um dem anderen die gewünschten Töne zu entlocken.

Während das ältere Kind seine Ansprüche durch direkte Machtausübung anmeldet, ist das Jüngere geneigt, durch List und Tücke seine Ziele zu erreichen, ohne besondere Verantwortung zu übernehmen, die überlässt es lieber den Eltern und dem Erstgeborenen.

In keiner Familie sind das Geschlecht und der Altersabstand so entscheidend wie in der Familie mit zwei Kindern. Besonders hart wird der Rivalitätskampf, wenn zwei Jungen mit einem geringen Altersabstand geboren werden. Eine Kindheit lang lebt der zweite Sohn unter einem älteren Bruder, der in der Regel stärker, klüger und erfolgreicher ist. Entweder entwickelt er ein Alternativprogramm, indem er genau die Stärken seiner Persönlichkeit ausbaut, die der Ältere nicht hat, oder es bleibt ihm der Rückzug in sich selbst. Ob sich jemand im Rivalitätskampf zurückzieht oder Kampfgeist entwickelt, hängt mit seiner Veranlagung zusammen. Rückzug führt meist dazu, dass dieser Sohn seine Männlichkeit etwas schwächer ausprägt und auslebt.

Ähnlich geht es dem zweitgeborenen Jungen, der eine überlegene, ältere Schwester hat, die ihn bemuttert und beherrscht. Auch dann wird er sich seinem Schicksal fügen und sich passiv zurückziehen. Wenn ein zweitgeborener Junge es aber schafft, sich gegen die Übermacht eines erstgeborenen Mädchens durchzusetzen, etwa weil er als Junge sehr erwünscht war, dann wird er mehr Selbstsicherheit entwickeln. Angepasstes Verhalten legt er weniger an den Tag, das hat er nicht nötig, denn er hat quasi zwei Mütter, die sich um sein Wohlergehen sorgen. Da er in erster Linie mit Frauen zusammen ist,

entwickelt er auch sanfte und zärtliche Züge, trotzdem tritt er ihnen gegenüber beherrschend auf.

Bei zwei Mädchen in der Zweikindfamilie ist die ältere Schwester meistens die, die über die Jüngere herrscht. Diese Jüngere entwickelt unterdessen ihren Charme und wird zum Liebling der Eltern, besondere Chancen hat sie beim Vater. Vom älteren Mädchen erwartet man hingegen, dass es gehorsam ist und sich den Erwartungen der Eltern anpasst, wobei es möglichst die eigenen Wünsche zu Gunsten der Jüngeren zurückstellen soll.

Die günstigste Geschwisterkonstellation in der Zweikindfamilie ist, da sind sich die Psychologen einig, ein älterer Bruder und eine jüngere Schwester. Der ältere Bruder wird durch seine Vormachtstellung mehr männliche Eigenschaften entwickeln, während die jüngere Schwester

besonders ihre weibliche Rolle ausbaut. Sie lässt sich vom Bruder beschützen und genießt seine Fürsorge. Beide Kinder werden entspannt ihre Position einnehmen. Beachten die Eltern aber besonders den Sohn und die Jüngere muss ihn bedienen, führt das dazu, dass sie sich nicht voll mit ihrer weiblichen Rolle identifizieren kann, weil durch das Verhalten der Eltern der Anschein erweckt wird, es sei besser und bequemer, als Junge geboren zu sein.
Zweitgeborene entwickeln nicht so eindeutig ihre Charakterzüge, weil sie in deren Entwicklung sehr stark vom Geschlecht, den Charaktereigenschaften und dem Altersabstand zum Erstgeborenen abhängig sind. Sie sind Sowohl-als-auch-Typen.

Probleme des Zweitgeborenen

Es ist wissenschaftlich erwiesen, dass Zweitgeborene nach einer anfangs eher ruhigen, problemlosen Phase im Alter von zwei bis drei Jahren mehr als andere Kinder Verhaltensstörungen und emotionale Probleme aufweisen. In diesem Alter beginnen sie ihr älteres Geschwisterkind und auch sich selbst bewusst wahrzunehmen.
Oft wird ein Zweitgeborenes mit dem ersten Kind verglichen. Durch Äußerungen, die die Eltern ganz nebenbei fallen lassen wie: „In dem Alter konnte Eva schon lesen“, erfahren diese Kinder, in wessen Schatten sie stehen. Ihre Individualität wird weniger herausgestellt und gefördert. Sie haben das Gefühl, weniger wert zu sein als das erste Kind. Das kann zu einer resignierten und passiven Haltung fürs Leben führen.
Mütter befürchten oft, ihr erstes Kind nach der Geburt des zweiten zu vernachlässigen, deswegen geben sie bewusst dem Erstgeborenen besondere Aufmerksamkeit und registrieren zuerst nicht, wie sich das jüngere Kind vernachlässigt fühlt. Später bekommen sie deshalb ein schlechtes Gewissen und sind geneigt, ins andere Extrem zu fallen. Sie fangen an, ihr zweites Kind zu verwöhnen, was natürlich nicht gerade die Lebenstüchtigkeit dieses Kindes fördert.
Ein anderer Auslöser für Verwöhnung kann sein, dass das Zweitgeborene das Geschlecht hat, das die Eltern schon vor der Geburt des ersten Kindes ersehnten.

Tipps für Zweitgeborene

TIPP!

Falls Sie auch weniger beachtet wurden als Ihre tolle ältere Schwester oder Ihr einmaliger großer Bruder, dem Sie anscheinend nichts entgegenzusetzen hatten, bedenken Sie: Sie sind von Geburt an etwas Besonderes.

Machen Sie sich auf den Weg, Ihre ganz individuelle Persönlichkeit zu entdecken. Nehmen Sie Ihre Stärken wahr und meinen Sie nicht, Sie seien nur zweite Wahl.
Sie können sich in die Rolle Schwächerer oder Benachteiligter versetzen. Setzen Sie diese Begabung ein und stehen Sie Menschen in schwierigen Situationen bei. Sie sind fähig, im Team zu arbeiten. Lassen Sie sich nicht beeindrucken von Leuten, die ein größeres Selbstbewusstsein an den Tag legen. Bauen Sie Ihre besonderen Begabungen aus, auch wenn diese etwas verschüttet sind. Übernehmen Sie Verantwortung in Ihren Lebensbereichen, schieben Sie nicht die Schuld für Fehler in die Schuhe anderer Leute.
Das Gefühl, um das Recht des Älteren betrogen worden zu sein, kann Sie verleiten, neidisch und rebellisch gegen die zu sein, die es nach Ihrer Meinung besser angetroffen haben als Sie; ebenso kann Sie diese Annahme verleiten, listig gegen angeblich Bevorzugte zu agieren

oder durch Manipulation Ihr Recht zu erkämpfen. Aus dem Gefühl heraus, ungerecht behandelt worden zu sein, sind Sie versucht jede Autorität abzulehnen. Allein Rebellion hat jedoch noch niemandem geholfen. Prüfen Sie selbst, wie stark Sie davon geleitet sind.
Hüten Sie sich, andere zu degradieren (und sei es auch nur in Ihrer Vorstellung), um sich selbst besser dastehen zu lassen. Konkurrenzkampf stört echte Gemeinschaft. Wie oft geben Sie den Anlass dazu? Überprüfen Sie Ihre innere Einstellung, Sie schaden in erster Linie sich selbst, wenn Sie in diesen negativen Verhaltensmustern verharren.

Tipps für die Erziehung Zweitgeborener

Ihr zweites Kind trifft bereits andere Eltern an als das erste. Sie gehen in der Regel eher nüchtern an die Tatsache heran, dass Sie ein Kind bekommen.
Vergessen Sie nicht: Auch Ihr zweites Kind hat ein Bedürfnis nach Aufmerksamkeit, Anerkennung und Liebe. Jedes Kind braucht seine spezielle Art Zuwendung.
Erste Kinder sind die Leistungsträger in der Familie, das steht von vornherein fest. Finden Sie die besondere Begabung Ihres Zweitgeborenen heraus und fördern Sie diese; vielleicht sollten Sie darauf achten, dass das erste Kind nicht genau das Gleiche tut. Verwöhnen Sie Ihr Zweites nicht, weil es das Kleine ist, oder aus eigenen Schuldgefühlen heraus.
Zweitgeborene haben es besonders schwer, ihren Weg zu finden, diese Fähigkeit wird zusätzlich eingeschränkt, wenn das Kind nicht auf sachlich liebevolle Weise angenommen wird.
Belasten Sie dieses Kind nicht zusätzlich, indem Sie es mit den Schwachpunkten des Partners in Verbindung bringen. Wie etwa: „Du bist genau wie Mama, die ist auch so empfindlich“, oder: „Du bist wie Papa, der kriegt auch nichts auf die Reihe.“
Stehen Ihre Kinder in starker Konkurrenz miteinander, wirken Sie beruhigend auf diesen Rivalitätskampf ein, indem Sie die Kinder beide in ihren individuellen Eigenschaften wahrnehmen und ernst nehmen. Gießen Sie nicht Öl ins Feuer, indem Sie sie miteinander vergleichen.
Falls Ihr Zweites sich zurückgezogen hat, unternehmen Sie immer wieder etwas mit diesem Kind auch allein als Mutter oder Vater, damit es Ihre Wertschätzung erfahren kann und sich wieder mehr öffnet.
Wenn Ihr Kind Freunde hat, fördern Sie diese Freundschaften, sie entlasten den Familienalltag.

ZWILLINGE

Zwillinge sind die Geschwister, die vom ersten Tag ihres Lebens an zusammen sind. Das ergibt eine Zweisamkeit, die sie wesentlich von ihren Geschwistern unterscheidet.

Nach außen ist keines der Kinder das Ältere oder das Jüngere, obwohl natürlicherweise eines als Erstes und das andere als Zweites geboren wurde. Manchmal betonen Eltern das Dritten gegenüber, um die Kinder zu unterscheiden. Sehr häufig ist das Erstgeborene auch das etwas kräftigere Kind und die Zwillinge sind im klassischen Sinn ein Erstgeborenes und ein Zweitgeborenes. Dann können die Ausführungen über die erstgeborenen bzw. zweitgeborenen Kinder auch für sie gelten. Aufgrund des fehlenden Altersabstandes kann eine erbitterte Rivalität zwischen ihnen herrschen.

Viele Zwillingseltern ziehen ihre Kinder gleich an und stellen sie dadurch wenn nicht als gleich, so zumindest als sehr ähnlich dar. Wenn beide Kinder eher kämpferisch veranlagt sind, werden sie spätestens im Pubertätsalter beginnen, sich dagegen zu wehren. Sie suchen ihre eigene Identität. Das kann dazu führen, dass sie sich zeitweise sehr stark gegeneinander abgrenzen.

Es gibt auch Zwillingspaare, die es schwer haben, sich gegenseitig loszulassen. Jedenfalls haben sie es schwerer als andere Geschwister, auseinander zu gehen, einfach, weil sie Sicherheit ineinander finden und sich ein Leben lang miteinander identifizieren mussten.

Gleichgeschlechtliche Zwillinge sind davon stärker betroffen als Zwillinge unterschiedlichen Geschlechts. Auch eineiige Zwillinge haben es schwer, auseinander zu gehen oder sich gegeneinander abzugrenzen. Manchmal führt das im Erwachsenenalter dazu, dass sie besonders stark daran arbeiten, einander zu „vergessen“; andere intensive Beziehungen helfen ihnen dabei.

Wenn Zwillinge noch andere Geschwister haben, ist ihre Position als Zwillingspaar überlagert von ihrer Stellung im Familienverband. Sie verhalten sich auch als Älteste, wenn sie als Erste geboren sind, ebenso benehmen sie sich auch wie jüngste Kinder, wenn sie Letztgeborene sind.

Die Mutter hört ihrem Zehnjährigen den Stoff für eine Biologiearbeit ab. Sexualkunde ist das Thema. Zur Rubrik Zwillinge gefragt, antwortet er strahlend: „Es gibt einäugige Zwillinge, es gibt aber auch zweiäugige Zwillinge!“

DAS MITTLERE KIND

Zu spät geboren, um die Privilegien des Erstgeborenen für sich in Anspruch zu nehmen, und zu früh, um fröhlich und gelassen in die Rolle des „Nesthäkchens“ zu schlüpfen – das ist das Dilemma der Mittelkinder.

Das Mittelkind ist nicht unbedingt das zweite Kind von dreien, genauso kann es auch das dritte von vieren oder das vierte von fünf Kindern sein. Allein die Position eines Mittelkindes ist schon nicht so eindeutig zu definieren wie die der anderen Geschwister. Es kann sowohl zu den Älteren wie auch zu den Jüngeren gehören; jedenfalls sitzt es immer irgendwo dazwischen wie das Salatblatt zwischen zwei Brötchenhälften. Daher kommt wohl auch der Name Sandwich-Kind.

Das Mittelkind orientiert sich zuerst an dem vor ihm geborenen. Sobald es merkt, dass es nicht konkurrieren kann, schlägt es einen anderen, eigenen Weg ein. Folgt dann aber ein Geschwisterkind, wird es für das Mittelkind doppelt problematisch. Es kämpft an zwei Fronten. Wir alle wissen, wie anstrengend das ist.

Die Eltern denken oft, das zweite Kind sollte ebenso vernünftig sein wie das ältere Erste. Gleichzeitig soll seine Beziehung zum Jüngeren von Rücksichtnahme geprägt sein. Diese Anforderungen können ein Kind belasten. Oft fühlt sich ein Mittelkind ungerecht behandelt und von Eltern und Geschwistern verraten.

Durch ihr Empfinden, Opfer einer gewissen Ungerechtigkeit in der Familie zu sein, ziehen sich manche Mittelkinder sehr stark in sich selbst zurück, werden einsam, ruhig und scheu, und sind überzeugt, nicht so wie die Geschwister geliebt zu sein.

Je mehr sich das Kind in der Außenseiterrolle empfindet, umso einsamer fühlt es sich. Denn seine Annahme, nicht so wie die Geschwister geliebt zu werden, wird dadurch nur bestätigt.

Mittelkinder, die über ein kämpferisches Potential verfügen, entwickeln aus dem Empfinden, weniger geliebt zu sein, ein starkes Konkurrenzgefühl, und sie beginnen, um eine herausgehobenere Position zu kämpfen. Sie werden zu aufrührerischen Raufbolden, die immer bereit sind, für die eigenen Rechte auf die Barrikaden zu gehen. Genauso setzen sie sich aber auch für andere ein, weil sie sich mit Menschen in schwächeren Positionen identifizieren; sie wissen, wie sich das anfühlt, ungerecht behandelt und ungeliebt zu sein. Dieses Empfinden macht sie aggressiv.

Mittelkinder mit weniger kämpferischem Potential empfinden genauso, ziehen sich aber eher zurück in ihr Schneckenhaus. Sie haben es

schwer, sich selbst etwas zuzutrauen, sie sind hin- und hergerissen. Sie verschließen sich und trauen so leicht niemandem.
Dann gibt es noch eine dritte Sorte Mittelkinder: Die weniger aggressiven, nicht so sehr resignativ gestimmten Mittelkinder; sie versuchen sich zu arrangieren. Um ihr Bedürfnis nach Anerkennung zu befriedigen, bauen sie ihre Fähigkeit zur Diplomatie aus. Sie lernen frühzeitig, nach Kompromissen zu suchen und gehen das Leben etwas entspannter an. Sie bewältigen ihr Leben eher mühelos, sind umgängliche Menschen, kontaktfreudig und gesellig. Sie nehmen oft die Rolle eines Vermittlers und Friedensstifters ein, nicht nur, weil sie Erfahrung mit dieser Situation zwischen den Fronten haben, sondern auch, weil sie damit die Anerkennung und die Aufmerksamkeit der Erwachsenen in positiver Weise auf sich lenken können.
Diese widersprüchlichen Eigenschaften bei Mittelkindern entstehen unter dem Anpassungsdruck, der durch die Position auf dieses Kind ausgeübt wird.
Mittelkinder bauen sich in der Regel einen Freundeskreis außerhalb der eigenen Familie auf. Dort haben sie dann erstmalig das Gefühl, so richtig dazuzugehören. Hier ist ihre Position klar definiert. Da sind sie weder zu jung noch zu alt, sondern werden nach ihren Eigenschaften beurteilt und angenommen. Dieser Freundeskreis ist eine wichtige Alternative zur Familie. Er bestimmt dann auch die Maßstäbe des Kindes, selbst wenn dadurch Familienregeln außer Kraft gesetzt werden.
Mittelkinder sind häufig in Vereinen anzutreffen. Sie engagieren sich eher im Mannschaftssport als in Individualsportarten.

Probleme von Mittelkindern
Mittelkinder sind oft verschlossen und wenig vertrauensbereit. Das kann dazu führen, dass man nur schwer Zugang zu ihnen findet. Sie lassen sich auch ungern helfen.
Älteste analysieren ihre Notsituation und suchen dann nach Autoritäten, die sie unterstützen können; Jüngste sind es gewöhnt, dass man sich um sie kümmert. Mittelkinder versuchen, möglichst allein zurechtzukommen. Sie haben einerseits Unabhängigkeit und Stärke dafür entwickelt, andererseits denken sie oft: Euch werde ich es schon zeigen!
Mittelkinder bemühen sich im Erwachsenenleben mehr als andere um das Funktionieren ihrer Ehe und Familie. Sie können manchmal regelrecht harmoniesüchtig sein. Durch ihr Empfinden, nie richtig dazugehört zu haben zu ihrer Ursprungsfamilie, haben sie das starke

Verlangen, ihre eigene Familie positiv zu gestalten. Dabei kann es passieren, dass sie faule Kompromisse eingehen und selbst zu Opfern werden, etwa in Form einer so genannten Co-Abhängigkeit: Um nicht nach außen dringen zu lassen, dass es Probleme in der Familie gibt, helfen sie z. B. einem Alkoholabhängigen, seine Abhängigkeit zu verdecken, und geraten dabei in die Falle der Komplizenschaft. Der Alkoholkranke trinkt ungehindert weiter, und der Co-Abhängige leidet weiter mit unter den Folgen.
Mittelkinder verstecken oft ihre Gefühle. Das tun sie, um zu verbergen, dass so viel Widersprüchliches in ihnen steckt. Sie haben einerseits das Bedürfnis, sich gegen Konventionen aufzulehnen, wollen andererseits aber keine Außenseiter sein; also zeigen sie nicht ihr wahres Gesicht.

Tipps für Mittelkinder

Auch wenn Ihre Ausgangsposition für dieses Leben eher kompliziert zu sein scheint, weil Sie nicht mit den Privilegien eines Erstgeborenen oder denen eines Jüngsten gesegnet waren, sind Sie bestens ausgestattet für den Lebenskampf. Sie sind es gewöhnt, sich in allen Lebenslagen durchzubeißen, Sie sind sozusagen mit allen Wassern gewaschen. Nutzen Sie Ihre Begabung, zwei Seiten einer Medaille wahrnehmen zu können. Dass Sie jahrelang zwischen den Stühlen gesessen haben, hat Ihre Sicht für soziale Vorgänge geschärft. Sie sind in der Lage, zwischen unterschiedlichen Positionen zu vermitteln.

Weil Mittelkinder versuchen, ihre Probleme selbst zu lösen, haben sie oft unkonventionelle Ideen, um ein Problem zu beseitigen. Solche Leute werden in vielen Bereichen benötigt.

Wenn Sie viele Freunde haben, freuen Sie sich darüber, aber vergessen Sie nicht, dass nicht nur die Quantität der Beziehungen ausschlaggebend ist, sondern auch die Qualität einer Beziehung.

Vergleichen Sie sich nicht ständig mit anderen. Natürlich hat es schon immer fähigere, interessantere und selbstsicherere Menschen als Sie gegeben; seien Sie zufrieden mit dem, was Sie sind, und betrachten Sie sich als etwas Besonderes – auch wenn das vielleicht von Ihrem Umfeld nicht immer registriert wurde und wird.

Erziehungstipps für Mittelkinder

Fördern Sie die Einmaligkeit Ihres Mittelkindes. Spielt es ein Instrument oder ist es besonders geschickt in einer Sportart, dann ermutigen Sie es dazu und setzen Sie sich dafür ein, dass es weitermacht. Möglicherweise müssen Sie darauf achten, dass Ihr Ältestes oder das Jüngste nicht genau die gleichen Dinge tun.

Unterstützen Sie Ihr Kind in seinen Freundschaften. Lassen Sie es Freunde mit nach Hause bringen, arrangieren Sie eine Party für Ihr Mittelkind und interessieren Sie sich für seinen Freundeskreis. Die Freundschaften Ihres Kindes entlasten die Familie.

Wenn Mittelkinder zu Teenagern werden, sind sie mitunter regelrechte Mitläufer in einer Gruppe. Wenn Ihr Kind zu Ihrem Leidwesen in schlechte Gesellschaft geraten ist, verfallen Sie nicht in Panik; für Ihr Kind hat die Zugehörigkeit zu einer Gruppe in dieser Altersstufe einen besonders hohen Stellenwert. Sagen Sie Ihre Meinung und sprechen Sie mit ihm, aber erwarten Sie nicht, dass es sofort auf Ihre Einwände reagiert. Ein übertriebenes Eingreifen Ihrerseits (wie z. B. Verbote, bestimmte Freunde zu treffen) kann das Gegenteil des erwünschten Effekts bewirken.

Sprechen Sie Ihrem Kind immer wieder Ihr Vertrauen aus. Das wird ihm helfen, Zutrauen zu Ihnen und Ihren Maßstäben zu gewinnen.
Wenn Sie spüren, dass Ihr Kind sich gern zurückzieht, nehmen Sie sich immer wieder Zeit zu einem Gespräch unter vier Augen. Unternehmen Sie immer wieder einmal allein mit diesem Kind etwas. Gehen Sie mit ihm Eis oder Pizza essen oder kaufen Sie mit ihm allein Kleidung ein. So gewinnen Sie das Vertrauen Ihres Mittelkindes und fördern zudem seine Kommunikationsfähigkeit.
Kaufen Sie Ihrem Mittelkind immer wieder einmal neue Kleidungsstücke und lassen Sie es nicht nur die des ersten Kindes auftragen.
Nehmen Sie die Spannung wahr, in der Ihr mittleres Kind steckt. Werfen Sie ihm nicht gleich Eifersucht und Neid vor, wenn es seinen Unmutsgefühlen darüber Luft macht, dass es sich ungerecht behandelt fühlt. Dieses Kind braucht Entlastung. Die erfährt es, wenn Sie ihm einfühlsam Ihr Verständnis für seine emotionale Situation zeigen. Widersprechen Sie ihm nicht oder versuchen Sie es nicht vom Gegenteil zu überzeugen, wenn es zum Ausdruck bringt: Die anderen dürfen alles und ich darf nichts. Geben Sie ihm Raum, seine Gefühle zu äußern, und überprüfen sie, ob Sie Ihr Verhalten korrigieren können, um diesem Kind gerecht zu werden.

Eigenartigerweise sind es laut Umfrage die Jüngsten, die sich am wenigsten sicher und geborgen in ihrer Familie fühlen.

DAS JÜNGSTE KIND

Das jüngste Kind kommt auf dieser Welt an und alle anderen Familienmitglieder sind schon da. Aus diesem Grund könnte man meinen, dass dieses Kind sich besonders behütet und sicher in seiner Rolle fühlt. Eigenartigerweise sind es laut Umfrage die Jüngsten, die sich am wenigsten sicher und geborgen in ihrer Familie fühlen.
Das hat unterschiedliche Gründe: Die Eltern behüten und beschützen ihr Kind über die Maßen oder sie erziehen es nicht mit der nötigen Konsequenz und Disziplin. Dazu kommt, dass es oft von den Geschwistern entweder zu sehr beschützt oder aber auch gehänselt und aus ihrer Gemeinschaft ausgeschlossen wird. Diese unterschiedlichen Verhaltensweisen machen das Kind unsicher.
In manchen Fällen war es vielleicht nicht mehr geplant und wird von der Familie als Last angesehen. Auch wenn solch ein Kind noch zum Liebling der Familie werden kann, werden sich diese Startgegebenheiten negativ auf sein Selbstwertempfinden auswirken.
Dabei spielt auch das Geschlecht des Kindes eine wichtige Rolle. Für das jüngste Kind gibt es da sehr unterschiedliche Startmöglichkeiten. Es kann als der heiß ersehnte Erbprinz nach einem oder mehreren

Mädchen geboren werden; ebenso als das gewünschte Mädchen nach einem oder mehreren Jungen. Wobei den „Wunschkindern" in der Regel mehr Aufmerksamkeit geschenkt wird.
So hat jede dieser Positionen eine ganz eigene Auswirkung auf ein jüngstes Kind, und die Jüngsten sind mit einem ganz unterschiedlichen Maß an Wertschätzung gesegnet. Die meisten dieser Kinder wissen: Ich bin zwar zuletzt gekommen, aber ich werde dafür sorgen, dass ich nicht zu kurz komme.
Eltern eines jüngsten Kindes haben meistens einen großen Erfahrungsschatz, was Erziehung und Kinder anbelangt. Daher sind sie eher gelassen im Hinblick auf ihr Jüngstes und üben weit weniger Leistungsdruck auf dieses Kind aus als noch auf ihre ersten Kinder. Auch hat ihr Interesse an Erfolgen der Kinder etwas nachgelassen, deshalb fördern sie etwas weniger zielstrebig die Begabungen des Jüngsten. Dieses entwickelt dadurch weniger Selbständigkeit und Unabhängigkeit als seine älteren Geschwister.
Außerdem sind die Jüngsten besonders häufig und nachhaltig der Geringschätzung ihrer älteren Geschwister ausgesetzt.
Sie versuchen, statt mit besonderen Leistungen ihr Umfeld mit besonderem Charme zu gewinnen. Gelingt ihnen das nicht, legen sie sich eine Dreistigkeit zu, die ihnen hilft, ihre Selbstzweifel zu überwinden.
Um den Eltern deutlich zu machen, dass sie ungerecht von ihren Geschwistern behandelt werden, schreien sie häufig besonders laut, damit Mutter oder Vater auf ihre Schutzbedürftigkeit aufmerksam werden. In der Regel werden dann die Älteren in ihre Schranken gewiesen.
Viele Jüngste verpetzen ihre Geschwister auch, weil sie wissen, dass sie selbst ihres geringen Alters wegen geschützt werden. Auch damit lenken sie natürlich die notwendige Aufmerksamkeit der Erwachsenen auf sich. Der Teufelskreis schließt sich, wenn die Älteren Rache üben an dem kleinen Petzer.
Während Letztgeborene ihre älteren Geschwister vor Augen haben, entsteht in ihnen der tiefe Wunsch, es auch zu etwas zu bringen. Aus diesem Grund sind manche Nesthäkchen ausgesprochen ehrgeizig. Sie beobachten die Geschwister und versuchen diese zu überrunden; das gelingt vielen Jüngsten auch: Besonders in sehr großen Familien sind sie diejenigen, die eine Ausbildung genießen können, die für ihre Geschwister noch nicht in Frage gekommen wäre.
Gerade weil jüngste Kinder so mitlaufen im Familienbetrieb, entwickeln viele dieser Nesthäkchen einen besonderen Hang zur Clow-

nerie und zum Alleinunterhalter. Meistens haben sie dabei ein sehr sicheres Gespür für die entsprechende Dramaturgie. Sie wissen, wie sie die anderen für sich einnehmen können, und benutzen die vorher geborenen Familienmitglieder als Zielpublikum für ihr Showtalent. Natürlich wollen sie dabei auch ernst genommen werden, denn ihr Drang zur Selbstdarstellung kommt aus dem Selbstzweifel und dem Zweifel daran, selbst auch etwas von Bedeutung beitragen zu können zum Welt- oder Familiengeschehen.
Bedingt durch den Zweifel an den eigenen Fähigkeiten schlängeln Jüngste sich oftmals durch ihr Leben; Anforderungen und Schwierigkeiten gehen sie aus dem Weg, die überlassen sie gern den anderen. Trotzdem sehnen sie sich nach Anerkennung.
Jüngste, die zu wenig individuelle Zuwendung bekommen haben, bleiben ein Leben lang auf der Suche nach ihrer Rolle.

Probleme des jüngsten Kindes

Das Jüngste hat Probleme, sich selbst ernst zu nehmen oder auch daran zu glauben, dass es von anderen ernst genommen wird.
Oft werden die Leistungen und Fortschritte in der Entwicklung eines Jüngsten weniger beachtet als die der Geschwister. Alles, was ein Nesthäkchen hervorbringt, haben andere vor ihm schon gebracht.
Die Eltern, manchmal schon etwas erziehungsmüde, schenken ihm nicht mehr die Aufmerksamkeit, die es braucht. Durch die fehlende Anerkennung ist die Versuchung für dieses Kind besonders groß, sich durch Clownerie und selbst ausgedachte Spielchen durchs Leben zu schlagen, immer auf der Suche nach der eigenen Position.
Jüngste sind oft hin- und hergerissen zwischen ihren Gefühlen und ihren Erfahrungen, weil sie einmal verhätschelt und ein anderes Mal mit Härte zurechtgewiesen werden.
Einmal versuchen sie, die anderen durch Charme für sich einzunehmen, und im nächsten Moment sind sie rebellisch und schwer zu lenken. Manchmal sind sie voller Energie, genauso können sie zerbrechliche Menschen sein, die hoch empfindlich reagieren. Diese ambivalenten Verhaltensweisen entspringen dem unterschiedlichen Grad an Zuwendung, die ihnen zuteil wird. Einmal werden sie von den Eltern, besonders aber auch von den Geschwistern, gehätschelt und verwöhnt, ein anderes Mal von den gleichen Menschen verspottet, abgewiesen und geringschätzig behandelt. Um die Verwirrung darüber zu überspielen, überschreitet das Jüngste oft Grenzen.
Es weiß nicht, woran es ist. Es fällt ihm schwer, an seine eigenen Fähigkeiten zu glauben.

Tipps für jüngste Kinder

Das Empfinden, von Geburt an im Schatten der anderen gestanden zu haben, soll Sie motivieren, aus diesem Schattendasein ins eigene Leben einzutreten. Übernehmen Sie Verantwortung für Ihr Leben. Schieben Sie nicht die Schuld für die unschönen Dinge anderen in die Schuhe. Erwachsen zu sein bedeutet Verantwortung zu übernehmen, besonders auch für die eigenen Schwächen.

Üben Sie sich in Selbstdisziplin. Viele Jüngste sind nicht gerade ordnungsliebend. Sorgen Sie dafür, dass nicht andere hinter Ihnen aufräumen müssen.

Sie sind ein auf Beziehung ausgerichteter Mensch. Wenn Sie unglücklich sind in einem Beruf, in dem Sie ausschließlich mit Maschinen zu tun haben, überlegen Sie, wie Sie das ändern können. Gliedern Sie sich in eine Gemeinschaft ein, in der Sie akzeptiert werden, so wie Sie sind, aber bedenken Sie, dass andere auch das Bedürfnis haben, zur Geltung zu kommen. Fragen Sie nach, üben Sie sich im Zuhören, das schafft Gemeinschaft.

Setzen Sie Ihr Talent ein, andere originell und humorvoll zu unterhalten, möglichst ohne jede Situation ins Lächerliche zu ziehen.

Falls Sie noch auf Partnersuche sind, schauen Sie sich bei den Erstgeborenen um, mit denen kommen Sie am besten zurecht. Falls Sie schon gewählt haben, schlüpfen Sie Ihrem Partner gegenüber nicht in die Kinderrolle.

Erziehungstipps für jüngste Kinder

Ihr jüngstes Kind braucht sachliche Anerkennung. Beschäftigen Sie sich immer wieder auch mit ihm allein, und loben Sie auch seine Leistungen. Fordern Sie es auch zu bestimmten Leistungen heraus, bewältigte Probleme stärken sein Selbstwertempfinden.

Geben Sie Ihr Kind nicht zu oft in die Obhut der Geschwister; Geschwister sind ungerechte und ungleichmäßige Erzieher.

Lassen Sie im Erziehungsalltag nicht ständig fünf gerade sein. Ihr Kind hat ein Recht auf klare Richtlinien, auch wenn Ihre Nerven schon etwas verbraucht sind.

Verwöhnen Sie Ihr Kind nicht auf unvernünftige Art und Weise, weil es Ihr Letztgeborenes ist; Sie geben Ihrem Kind nichts Gutes mit, wenn Sie alles durchgehen lassen. Es ist besser, wenn Sie selbst Ihrem Kind klare Maßstäbe im Rahmen einer ermutigenden Erziehung mitgeben, sonst werden andere Menschen ihm seine Grenzen aufzeigen, wenn Ihr Kind schon erwachsen ist; das tut oft mehr weh und schafft unnötiges Konfliktpotential.

Während Sie darauf achten, dass Ihr Kind nicht verhätschelt wird, sorgen Sie gleichzeitig dafür, dass es nicht in der Menge untergeht. Achten Sie darauf, dass Ihr Jüngstes Pflichten in der Familie übernimmt und auch ausführt. Es erfordert bei einem jüngsten Kind oft einen etwas größeren Aufwand an elterlicher Aufmerksamkeit, damit übernommene Pflichten auch ausgeführt werden.
Wenn Nesthäkchen keine allzu feste Bindung an ihre Familie haben, werden sie leicht zu Flüchtern. Sie gehen schwierigen Situationen oder Anforderungen aus dem Weg, indem sie sich dorthin begeben, wo weniger Probleme zu erwarten sind.
Fördern Sie Kreativität und Showtalent Ihres Jüngsten. Verspotten Sie es nicht wegen seiner manchmal vielleicht etwas ungewöhnlichen Einfälle.
Falls Sie mehr als zwei Kinder haben, überlegen Sie, ob Sie Ihr Jüngstes nicht vernachlässigen, weil Ihnen auch nur vierundzwanzig Stunden am Tag zur Verfügung stehen. Wenn nötig, verzichten Sie lieber auf Dinge, die Ihnen die Zeit wegnehmen, die nur Sie in die Entwicklung ihres Kindes investieren können.

WEITERE FAKTOREN, DIE DIE GESCHWISTERKONSTELLATION BEEINFLUSSEN

So hat jede Geschwisterposition ihre Eigenarten. Neben der Position gibt es aber noch Faktoren, die das Typische einer Geschwisterposition etwas weniger zur Ausprägung kommen lassen. Als da sind:

a. Altersabstand

Wenn der Altersabstand zwischen Geschwisterkindern größer als fünf bis sechs Jahre ist, geht man davon aus, dass die Kinder sich wenig aufeinander beziehen. Sie treten nicht oder nur sehr wenig in Konkurrenz zueinander, sie sind sozusagen Einzelkinder.
Wenn mehrere Kinder mit großem Altersabstand geboren werden, bilden sich „Familien in der Familie". Das ist auch der Fall bei besonders großer Kinderzahl, wo mittlere Kinder die Rolle eines Erstgeborenen einnehmen können, etwa in der Versorgung jüngerer Geschwister.

b. Geschlecht

Es prägt das Verhalten eines Kindes, ob es ausschließlich mit Geschwistern des eigenen Geschlechts aufwächst oder auch mit Geschwistern des anderen Geschlechts. Kinder, die mit Geschwistern beiderlei Geschlechts aufwachsen, sind erwiesenermaßen besser vorbereitet auf das Zusammenleben in einer Partnerschaft.

c. Behinderung

Kommt ein Kind in der Geschwisterreihe behindert zur Welt, wird dieses Kind naturgemäß mehr Aufmerksamkeit und Fürsorge benötigen als ein gesundes Kind. Das Familienleben wird sich in erster Linie um dessen Versorgung drehen. Dies gibt den gesunden Geschwistern Anlass zu Eifersucht, Neid und Konkurrenz, kann sie aber auch, je nach dem Einwirken der Eltern, zu Hilfsbereitschaft und anderen sozialen Verhaltensweisen motivieren, um die geschätzte Aufmerksamkeit der Eltern zu gewinnen.

d. Geschwisterposition der Eltern

Durch die eigene Geschwisterposition werden Eltern einmal mehr Verständnis und leichteren Zugang haben zu den Kindern in derselben Position. Genauso kann es passieren, dass sie Konflikte, die sie mit Geschwistern erlebt haben, auf die eigenen Kinder übertragen.

e. Patchwork-Familie

Wenn ein Elternteil durch Scheidung oder Tod allein mit den Kindern zurückbleibt und danach wiederum einen Partner mit Kindern heiratet, entsteht eine völlig neue Familienkonstellation. Die Kinder müssen sich umorientieren. Das ist eine Belastung für Eltern und Kinder und muss von Seiten der Eltern mit Geduld, Ausdauer und viel Einfühlungsvermögen begleitet werden.

f. Beziehung der Eltern

Ist die Beziehung eines Elternpaares sehr gespannt, wird das immer Auswirkungen auf die Kinder haben. Kinder suchen ihre Sicherheit in den Eltern. Wenn sie das Gefühl haben, dass die Eltern sich lieben, gibt ihnen das ein festes Fundament und die Freiheit, ihre geschwisterlichen Kämpfe „fröhlich" und unbefangen auszutragen. Ist aber die Beziehung der Eltern angespannt, fühlen sich die Kinder oft schuldig daran und werden längst nicht so unbeeindruckt miteinander streiten, wie sie es sonst tun würden.

Oft flüchten sich Partner aus spannungsgeladenen Ehen zu ihren Kindern. Sie versuchen, eines der Kinder auf ihre Seite zu ziehen. Sie missbrauchen dieses Kind als „Partnerersatz" und streuen damit sowohl Rivalität zwischen die Geschwister als auch Misstrauen in das Verhältnis zum eigenen Partner.

In vielen Ehen mit zwei Kindern lässt sich eine klare Zuordnung von „Mamas Liebling“ und „Papas Liebling“ beobachten. Man (miss-)braucht die Kinder, um sich gegenseitig auszuspielen.
Vater und Mutter bringen jeweils ihre eigene Prägung, ihre Erwartungen, ihre versteckten Träume, die Hoffnungen, alle unerfüllten Wünsche mit ein in die Kinderstube ihrer Kinder. Das Zusammenspiel aus der Position in der Geschwisterreihe und dem Einfluss der Eltern ist das Fundament im Leben eines Menschen und macht ihn so unverwechselbar.

g. Körperbau

Es kommt vor, dass ein jüngerer Bruder den Älteren an Körpergröße übertrifft. Dadurch entsteht in der Regel zusätzliche Konkurrenz; um sich nicht vom Jüngeren, aber Größeren übertrumpfen zu lassen, muss der Ältere eine andere Fähigkeit besonders ausbauen. Er müsste den Jüngeren beispielsweise an Geschicklichkeit übertreffen, um den Mangel an Stärke auszugleichen.
Ebenso trifft das auf Schwestern zu. Wenn die Jüngere körperlich weiter entwickelt ist, hat die Ältere das Bestreben, sie in ihren schulischen Leistungen oder auf einem anderen Gebiet zu überflügeln. Das naturgegebene Gleichgewicht der Geburtenfolge wird unbewusst von den Geschwistern wieder ins Lot gebracht.

Dies sind Fakten, die die Entwicklung eines Kindes zusätzlich beeinflussen und das Typische einer Prägung weniger deutlich zu Tage treten lassen.

Kapitel 2

Wie mich meine Familie geprägt hat

Beziehung zu den Eltern

Die Geschwisterposition ist ein Teil der Prägung, den anderen Teil tragen die Eltern bei. Diese wiederum sind geprägt von ihrer Geschwisterposition.

Die Beziehung zu den Eltern ist „vertikal"; sie sind es, die ein schützendes Dach auf das Lebenshaus ihrer Kinder legen. Sie geben Geborgenheit, setzen Grenzen, vermitteln Werte und Moral. Sie sind die erste Autorität im Leben ihres Kindes.

Jedes Kind in einer Familie findet andere Eltern vor, obwohl sie biologisch die Gleichen sind. Denn jedes Kind verändert die Eltern, und zwischen den Kindern gewinnen sie an Lebenserfahrung.

So könnte ein erstes Kind, für die Eltern überraschend, in einen Studentenhaushalt hineingeboren werden. Die Eltern, sowieso unsicher, wie sie mit einem Kind umgehen sollen, wissen am Anfang nicht, wie sie Ehe, Kind, Haushalt und Studium miteinander vereinbaren sollen, zumal die Finanzmittel knapp sind. Man kann sich leicht vorstellen, dass das nächste Kind dieser Eltern eine vollkommen andere Situation vorfindet. Wenn das Studium abgeschlossen ist, verdienen Akademiker in der Regel gut. Die Lebenslage hat sich stabilisiert, und beide Eltern freuen sich auf den Nachwuchs. Das sind dieselben Eltern und doch ganz andere.

So ist jedes Kind in der gleichen Familie sehr unterschiedlichen Einflüssen ausgesetzt, und jedes Kind reagiert auch mit dem ihm eigenen Temperament auf das, was es vorfindet.

Beziehung zu den Geschwistern

Nicht nur Eltern und Familiensituation beeinflussen das Kind, auch die Geschwister verfehlen nicht ihre Wirkung im Leben eines Menschen. Die Beziehung zu ihnen findet auf gleicher, „horizontaler" Ebene statt.

Mit Geschwistern verbringt man wesentlich mehr Zeit und pflegt meist einen offeneren Umgang als mit den Eltern. Mit den Geschwistern tauscht man Geheimnisse aus, über die man mit den Eltern niemals sprechen würde. Deshalb lernen sich Geschwister untereinander ganz anders kennen, als die Eltern ihre Kinder kennen lernen.

Soziale Kompetenz

Intuitiv wissen Geschwister sich auf den anderen einzustellen, sich in seine Lage hineinzuversetzen, folglich wissen sie auch, wie sie sich gegenseitig trösten, helfen, verletzen und auf die Palme bringen können.

Sie wissen, wann es an der Zeit ist, sich zu verteidigen, wie man anderen Schuldgefühle macht, wie man dafür sorgt, dass der andere den Kürzeren zieht und wie man selbst zum Schluss gut dasteht. In Auseinandersetzungen miteinander und im Zusammenhalt gegen die anderen machen sie sich fit für das Leben. Hier werden Umgangsformen und Ton für das Leben eingeübt.

Die Erfahrungen, die ein Kind in dieser ersten Familie sammelt, sind von entscheidender Bedeutung für seinen Lebensstil. Es zieht aus den Einflüssen der Kindheit seine eigenen Schlüsse und entwickelt daraus seine spezielle Art, das Leben anzugehen. Von den guten und auch aus verletzenden Erfahrungen wird die eigene Sichtweise geprägt.

Natürlich tragen wir alle unsere Verletzungen davon, gerade auch von den uns am nächsten Stehenden. Das Gute ist, dass wir gerade aus diesen familiären Beziehungen lernen, und im Normalfall profitieren wir mehr davon, als wir darunter leiden.

Deshalb ist es von großer Wichtigkeit, dass wir verstehen, wie uns unsere erste Familie geprägt hat, damit wir unseren eigenen Kindern das mitgeben können, was sie ganz individuell brauchen, und damit wir nicht in die Fallen tappen, die unsere eigene Vergangenheit uns dabei stellt. Im Folgenden möchte ich Anregungen und Übungen bereitstellen, die Ihnen helfen können, sich selbst besser kennen zu lernen. Dabei geht es natürlich in erster Linie um das, was wir an Prägungen, Denk- und Verhaltensmustern aus unseren Herkunftsfamilien, speziell durch unsere Geschwister, besitzen.

- Wie war mein Verhältnis zu meinen Geschwistern?
- Was habe ich positiv erlebt, was eher negativ?
- Wie erlebe ich meine eigenen Kinder in ihrer Geschwisterposition?
- Gibt es Beziehungsmuster, die sich wiederholen?

MEINE LEBENSEINSTELLUNG

Ist Ihnen bewusst, wie tief Sie geprägt sind von den ersten Jahren Ihrer Kindheit? Wie tief sich die Art des Zusammenlebens in der Familie und der Geschwisterreihe in Sie hineingebrannt hat? Gerade Ihr Erleben hat Sie unverwechselbar werden lassen.

Alfred Adler (1870–1937) war der Begründer der Individualpsychologie. Die Individualpsychologie sieht den Menschen nicht als mit ihren seelischen Problemen und Eigenheiten isolierte Person, sondern in seiner sozialen Verflochtenheit. Da das erste und engste soziale Netz für den Menschen die Ursprungsfamilie darstellt, untersucht Adler die spezielle Dynamik dieser Familien- und Geschwisterkonstellation, um die Verhaltenshintergründe oder auch Verhaltensstörungen eines Menschen zu ergründen. Der Lebensstil einer Person lässt sich nach Adler auf die Rolle zurückführen, die diese für sich in der Ursprungsfamilie gewählt hat. Dabei geht der Psychologe davon aus, dass die Stellung in der Geschwisterkonstellation Aufschluss darüber gibt, welche Komponente des Lebensvollzugs das Kind im Rahmen der Familiendynamik gewählt hat, d.h. welche Art des Denkens (Kognitionen), der Gefühle (Emotionen), der zielgerichteten Bestrebungen (Motivationen) und auch welche Art des Handelns das Kind sich in seiner Geschwisterposition zu Eigen gemacht hat. Dabei spielen objektive Gegebenheiten eine untergeordnete Rolle, herausragende Fakten für die Entwicklung seines Lebensstils sind eben die eigenen Erkenntnisse, Gedanken, Meinungen, Einstellungen und Pläne des Kindes. Diese bestimmen in erster Linie die Beweggründe seines Handelns und sie dienen auch als Vorbild für alle außerfamiliären sozialen Beziehungen des späteren Lebens. Der Mensch handelt demnach, weil er von bestimmten Gedanken, Meinungen und Überzeugungen ausgeht, und auch weil er anstrebt, in der Gemeinschaft angenommen und anerkannt zu sein.

Der Gedanke mag Sie erstaunen, aber wie Sie sich heute geben, welche Dinge Ihnen wichtig sind und was Sie unbedingt zum Leben brauchen, all das haben Sie sich in den ersten sechs bis acht Lebensjahren angeeignet und das Tapetenmuster Ihrer Kinderstube schimmert in allen Phasen Ihres Lebens durch.

Immer wieder machen wir die Erfahrung, dass unser Lebensmuster die Gemeinschaft in positiver Weise ergänzt, aber genauso erleben wir, dass wir selbst und andere darunter leiden.

Der erste Schritt zur Annahme des eigenen Lebensstils ist es, ihn zu durchschauen.

Übung 1: Familientisch

Um das Beziehungsgeflecht einer Familie sichtbar zu machen, erstellt man den „Familientisch“: In jeder Familie haben die Mitglieder sehr unterschiedliche Beziehungen zueinander. Manche sind eng, manche sind eher locker, das kann dazu führen, dass sich *Familien in der Familie* bilden. Alle gehören zwar zu ein und derselben Familie, und doch hat jeder in der Familie eine ganz eigene Beziehung zu jedem einzelnen anderen.

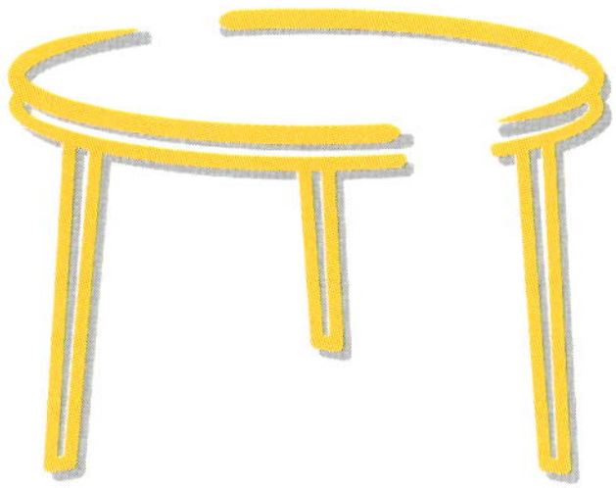

Nehmen Sie ein großes freies Blatt und Stifte mit unterschiedlichen Farben zur Hand (für jede Aufgabe eine andere Farbe). Zeichnen Sie einen eckigen oder runden Tisch, an dem Ihre Ursprungsfamilie sitzt. Weibliche Mitglieder der Familie werden als Kreis gezeichnet, die männlichen als Quadrat. Schreiben Sie das jetzige Lebensalter der Person in den Kreis bzw. das Quadrat. Setzen Sie jedes Familienmitglied so an den Tisch, wie Sie die Anordnung innerlich erlebt haben. Wer hat wen im Blick? Zum Beispiel: Ich sitze meiner Mutter gegenüber, ich will sie immer im Blick haben. Wer sitzt neben wem? Zum Beispiel: Mein jüngster Bruder sitzt neben dem Vater, er ist sein Lieblingssohn. Meine älteste Schwester sitzt am Kopfende, neben ihr sitze ich, damit wir unsere Geheimnisse austauschen können.

Ordnen Sie jedem Einzelnen Attribute zu, die seine Wirkung auf Sie ausdrücken. Zum Beispiel: 29Mein ältester Bruder ist ein starker Typ, der alles im Blick hat und als Ersatzvater fungiert.

Machen Sie einen Pfeil von einem Familienmitglied zu einem anderen, wo eine besonders enge Beziehung besteht. Wer tut sich mit wem zusammen, wo bestehen gemeinsame Interessen, wer erfährt Verstärkung von wem und wer unterstützt wen?

Eine gestrichelte Linie zwischen zwei Angehörigen bedeutet eine weniger dichte oder ambivalente Beziehung. Zum Beispiel: Meine jüngere Schwester und ich standen immer auf Kriegsfuß miteinander.

Zum Schluss beschreiben Sie Ihre Rolle im Familiengeflecht: Wo ist mein Platz in der Familie? Zum Beispiel: Ich sitze am Tischbein, ich hatte nie einen richtigen Platz. Oder: Mein Platz ist zwischen Mutter und Vater.

Ich bin: mitfühlend, verantwortungsbewusst …

Ich will: herrschen, vermitteln, mehr wahrgenommen werden, dazugehören …

Ich will nicht: unter Druck gesetzt werden, Babysitter für meine jüngeren Geschwister sein …

Ich muss: für meine Rechte kämpfen, mich zurückziehen, meine Bedürfnisse zurückstellen …

Zum Schluss ordnen Sie jedem Familienmitglied einen Namen zu, der seine Stellung beschreibt und nach Ihrem Empfinden zutreffend ist, z. B. Ältester – Kronprinz, Mutter – Glucke usw.
Ihr ganz subjektives Empfinden ist beim Zusammenstellen Ihres Familientisches gefragt. Tauchen auch heute in Ihren Beziehungen noch Empfindungen auf, die denen ähneln, die Sie im Rahmen Ihrer Ursprungsfamilie gemacht haben? Wie hat das Ihre Reaktion auf andere Menschen beeinflusst? Wie weit hat sich das auch auf Ihren Erziehungsstil den eigenen Kindern gegenüber ausgewirkt?

Übung 2: Familienatmosphäre

Versuchen Sie sich nun zu erinnern: Welches Klima war in Ihrer Familie zu spüren? Wie war ihre „Temperatur“? War es z. B. bedrohlich, autoritär, liebevoll, nach außen gut und nach innen gespannt? Wie wirkte sich diese Grundstimmung auf Ihr Befinden aus? Wie empfanden Sie sich selbst? Geborgen, verkannt, unerkannt?

Drei Hauptfaktoren sind bestimmend für die Atmosphäre einer Familie:

1. Vorherrschende Stimmung, z. B.:

a. Eine warmherzige, freundliche Stimmung
b. Eine kühle, wenig kommunikative Stimmung
c. Eine freie, offene Stimmung
d. Eine bedrückende, gespannte Stimmung

2. Werte der Familie:

Erziehungsmittel
Familienmythos
Familienmottos

Welche Erziehungsmethoden bevorzugten Ihre Eltern? Wurde mit psychischem Druck gearbeitet, wurde körperliche Gewalt ausgeübt oder wurde jedes Mitglied der Familie geachtet und gehört?
Gab es einen „Mythos“ in Ihrer Familie? Ein Tabuthema, das man nicht wagte an- oder auszusprechen und das trotzdem allgegenwärtig schien? Solche Themen können etwa Krankheit, Sexualität, Tod, Harmonie sein. Einen solchen Familienmythos muss man entlarven, damit er seine Macht verliert. Ihn offen ansprechen oder sich klar machen, was wirklich passiert, wenn das eintrifft, was er an die Wand malt und was mir so bedrohlich erscheint.

Folgte Ihre Familie einem Motto wie:

„Wir halten zusammen!“
„Hast du was, dann bist du was!“
„Bei uns wird pariert!“
„Wer seine Kinder liebt, der züchtigt sie!“
„Jeder ist sich selbst der Nächste!“
„Wir lösen unsere Probleme!“
„Arbeit geht vor Vergnügen!“
„Wir stehen füreinander ein, koste es, was es wolle!“

„Was andere über uns sagen, ist wichtig!"
„Wir helfen anderen, weil es uns gut geht!"
„Hauptsache gesund!"

Dem Motto müssen alle Familienmitglieder folgen, ob sie sich damit identifizieren wollen oder nicht. Die Eltern geben dieses Motto an.
Haben Sie die Werte Ihrer ersten Familie für sich auch übernehmen können?
Welche sind für Sie heute noch gültig, welche waren Ihnen immer unangenehm?
Mit welchen Werten geraten Sie in Ihrer jetzigen Lebensphase in Konflikt? (Ein Beispiel: Sie werden arbeitslos und erinnern sich an den oft wiederholten Spruch Ihrer Mutter: „Hast du Arbeit, hast du alles!")

3. Unausgesprochenes:

Überfürsorglichkeit
Kein Hautkontakt
Vereinnahmung
Distanz
Steifheit

Was wurde nie ausgesprochen, aber stand unausgesprochen immer im Raum? Was haben gerade diese unausgesprochenen Dinge in Ihnen bewirkt? Welche früh geprägten Vorstellungen leben Sie heute ebenso unausgesprochen weiter und wie reagiert Ihre Umwelt darauf?
Welche Dinge haben Sie zum Positiven verändern können, obwohl Sie in Ihrer ersten Familie in negativer Form „anwesend" waren?
Wo entdecken Sie Unausgesprochenes in Ihrer Familie, das Sie gestärkt hat und Ihnen Mut und Zuversicht für Ihr Leben gegeben hat, z. B.:

Freiheit für den Einzelnen,
Fröhlichkeit,
Unbekümmertheit,
Tatkraft?

- Wie habe ich das Klima und die Atmosphäre in meiner ersten Familie empfunden?
- Welche Schlüsse habe ich daraus für mich gezogen?
- Wie wirken sich diese auf mein Erziehungsverhalten meinen Kindern gegenüber aus?

Übung 3: Kindheitserinnerung

In frühester Kindheit treffen wir Entscheidungen. Situationen begegnen uns und wir reagieren und handeln nach unseren Maßstäben und Empfindungen. Es gibt Schlüsselerlebnisse aus der Kindheit, an denen wir heute noch erkennen können, wie wir in Stresssituationen handeln und welche Schlüsse wir für uns daraus gezogen haben. Das geht so weit, dass uns in einer solchen Situation sogar immer wieder die gleichen Sätze in den Sinn kommen und wir nach diesen Sätzen handeln und diese Sätze auch unsere Gefühle in dem Moment beeinflussen.

Solche Sätze könnten folgendermaßen lauten:

Ich bin immer das fünfte Rad am Wagen!
Ich bin nicht liebenswert!
Ich bin zu hart!
Keinen interessiert es, wenn es mir schlecht geht!
Ich bin eine Niete!
Ich werde es euch zeigen!
Niemand mag mich!

Aber da gibt es auch Mut machende Sätze, die uns stärken:

Trotz Schwierigkeiten gehe ich meinen Weg!
Auch wenn ich auf Widerstand stoße, gebe ich nicht auf!
Es gibt Menschen die stehen zu mir, darum lasse ich mich nicht entmutigen!
Ich bin schon mit vielen schwierigen Situationen fertig geworden, auch diese werde ich bewältigen!
Ich bin glücklich, auch wenn ich nicht immer Glück habe!
Irgendwie bin ich ein Sonntagskind!
Gott wollte, dass ich lebe, er wird mir helfen, gerade in schweren Phasen!

Falls Sie einen Mangel an solchen guten Sätzen in Ihrem Leben empfinden, schauen Sie doch mal in die Bibel, sie ist voll von Mut machenden Worten, die uns Menschen Zuversicht geben können, auch wenn wir selbst manchmal mutlos sind.

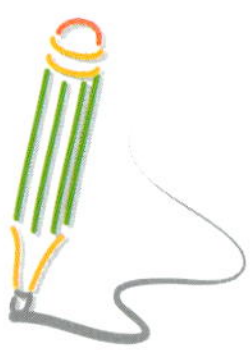

Erinnern Sie sich an ein Ereignis aus Ihrer Kindheit, das sich Ihnen besonders eingeprägt hat. Eines, das Ihnen spontan in den Sinn kommt oder Ihnen im Gedächtnis haften blieb, weil es sich öfter wiederholte.
Selbst wenn Ihnen das Erlebnis auf den ersten Blick banal erscheint, könnte es ein Schlüsselerlebnis sein, an dem Sie exemplarisch Ihren Lebensstil erkennen können.
Um der Sache auf den Grund zu gehen, verfahren Sie folgendermaßen: Nehmen Sie wieder Papier und Bleistift zur Hand und schreiben Sie eine Erinnerung auf, die Ihnen heute noch vor Augen ist.
Danach stellen Sie sich die folgenden Fragen und beantworten Sie diese ebenfalls schriftlich.

- Was ist mein vorherrschendes Gefühl bei dieser Erinnerung?
- Wie sehe ich mich selbst, wenn ich mich an diese Situation erinnere?

- Wie sehe ich die anderen, die mir in der Erinnerung nah waren?
- Wie sehe ich Gott, wo oder wie war er nach meinem Empfinden, als ich dieses Erlebnis hatte?
- Wie sehe ich die Welt? Welches Bild habe ich von der Welt um mich herum? Freundlich, feindlich oder neutral?
- Was tue ich? Wie aktiv, wie passiv bin ich?
- Welche Überschrift, welche Schlagzeile würde ich über das Geschehen setzen?
- Wie wünsche ich mir den Verlauf der Erinnerung?
- Welchen Bezug zur Gemeinschaft habe ich?
- Was will ich erreichen, welche Ziele verfolge ich?
- Welche Methoden oder Verhaltensweisen wende ich an?
- Was will ich ändern an meiner Art zu reagieren?

Analysieren Sie nun, welche Methode Sie damals anwandten, um an Ihr Ziel zu gelangen. Vielleicht haben Sie als Kind die Methode „Flucht und Rückzug“ gewählt, um Konflikten mit den Eltern oder Geschwistern aus dem Weg zu gehen. Weil das Kind sich nicht den Auseinandersetzungen gewachsen fühlt, zieht es sich in ein Versteck zurück mit dem Ziel, in Ruhe gelassen zu werden.
Die Erkenntnisse, die Sie aus der Analyse einer solchen Kindheitserinnerung gewinnen, könnten für Sie sehr aufschlussreich sein. Möglicherweise erkennen Sie erstmals, welchen Anteil Ihre eigenen Reaktionen und Gefühle an Konfliktsituationen mit anderen Menschen haben, bei denen Sie bisher immer davon ausgegangen sind, dass Ihr Gegenüber verantwortlich ist für den immer wiederkehrenden negativen Ausgang einer Situation. Vielleicht beeinflussen Sie das immer gleiche Ergebnis einer Situation durch Ihre immer gleichen Erwartungen an diesem Punkt mit, ohne dass Ihnen das jemals bewusst wurde.
Vielleicht entdecken Sie zum ersten Mal, wie konsequent Sie die Prägung der Kindheit auf Ihr Erwachsenendasein übertragen. Wenn Sie, wie im Beispiel, in der Kindheit mit Rückzug reagierten, werden Sie als Erwachsener ebenfalls diese Methode anwenden, um Turbulenzen zu vermeiden und Konflikten aus dem Weg zu gehen. Erst das Durchschauen der Beweggründe macht den Weg für Veränderung frei.

Übung 4: Interaktionsmuster

Jeder von uns eignet sich im Laufe seines Lebens eine ganz eigene Art zu handeln und zu reagieren an. Die im Folgenden beschriebenen Typen stellen Extreme dar, wie sie an den wenigsten Menschen in Reinform zu beobachten sind. In der Regel sind Interaktionsmuster versteckt vorhanden und zeigen sich dann, wenn der Mensch in der Gemeinschaft agiert bzw. auf die Herausforderungen seiner Mitmenschen reagiert.
Welches dieser Interaktionsmuster bevorzugen Sie? Auf welche Weise bewältigen Sie das Leben in der Gemeinschaft normalerweise?

Der Psychologe Alfred Adler unterscheidet vier verschiedene Arten von Interaktionsmustern.
Da gibt es den **Herrschertyp**. Er agiert aus einer gewissen Dominanz heraus. Er herrscht gern über andere, behält gern Recht und ist sich seines Weges bewusst. Oft übt er Leitungsfunktionen aus, weil er sicher und selbstbewusst vorgeht. Aus diesem Grund fällt es anderen

leicht, seiner Führung zu folgen. Sein Interaktionsmuster ist weniger Kooperation als Operation.

Der **nehmende Typ** nimmt gern, was andere ihm geben, er kann genießen, ordnet sich eher unter und ist in der Gemeinschaft der, welcher seinen Nutzen aus ihr zieht. Er ist nicht anspruchsvoll. Wenn er anerkannt und geliebt wird, ordnet er sich gern unter und gliedert sich problemlos ein.

Der **Vermeidungstyp** lässt sich gern von den anderen mitziehen. Er vermeidet es, nach Lösungen zu suchen. Wenn es Probleme gibt, geht er aus dem Feld und überlässt deren Lösung den anderen oder ignoriert die Probleme. Er lebt seinen eigenen Stil und möchte sich dabei ungern stören lassen.

Der **Kämpfertyp** geht das Leben aktiv an. Er arbeitet am liebsten mit den anderen in seinem Umfeld an der Aufgabe, die sich stellt. Er ist kooperativ und engagiert sich für die Gemeinschaft. Er dient mit seinen Fähigkeiten, hält seine Begabungen nicht zurück und setzt sich ein.

Zu welcher Art der Interaktion ein Kind innerhalb der Geschwisterreihe ermutigt wird, hängt einmal von seinem Temperament ab, aber auch davon, wie es sich selbst unter den Geschwistern erlebt. In der Regel ergänzen sich die Kinder einer Familie in ihren Interaktionsmustern. Wenn eines der Geschwister selbstsicher und stark auftritt, ordnet sich ein anderes Kind in der Geschwisterreihe unter, ist nicht so sehr um Problemlösung bemüht, sondern überlässt sie dem Stärkeren. Dann gibt es die Kinder, die genießen, was Geschwister erkämpfen, und auf ihre Art davon profitieren. Sie vermeiden es selbst zwar, die Schwierigkeiten aus dem Weg zu räumen, aber gehen gern hinter dem anderen her, der den Weg geebnet hat.
In der Ehe, in der Familie und auch in anderen Gemeinschaften kann man beobachten, wie sich diese Interaktionsmuster auf harmonische Weise ergänzen, wie Menschen Hand in Hand arbeiten und dadurch sehr produktiv sind. Schwierigkeiten entstehen, wenn Konkurrenz zwischen sehr ähnlichen Typen entsteht oder der eine den anderen für sich negativ beurteilt, ihn nicht als Ergänzung empfindet.

- Welche Rolle, welches Interaktionsmuster habe ich in meiner ersten Familie eingenommen?
- Wie erlebe ich mich heute mit meinem Muster in meiner Partnerschaft?
- Gegenüber meinen Kindern?
- Was ist hilfreich und was störend, was möchte ich ändern?

Übung 5: Wie sehe ich mich selbst?

Ich bin ein Boot …

Wenn ich ein Boot wäre: Beschreiben Sie, was für ein Boot oder Schiff sie wären. Wie bewegt sich dieses Boot fort, mit Segeln, Rudern, einem Motor, einer großen Schiffsschraube?
Wie sieht es aus? Wohin bewegt es sich? Was geschieht um das Boot herum?
Schreiben Sie eine Geschichte über Ihr Lebensboot.

Ich bin eine Blume …

Sie können sich auch in Gestalt einer Blume sehen. Was für eine Blume wären Sie? Wo steht diese Blume? Wie fühlt sie sich an ihrem Standort? Wer steht in ihrer Nähe?

Die Geschichte, die Sie schreiben, sagt etwas aus über das Bild, das Sie von sich selbst haben. Dieses „Selbstbildnis“ tragen Sie mit sich herum. Sie gehen davon aus, dass die anderen Sie genauso sehen. Lassen Sie eine Boot- oder Blumen-Geschichte von jemandem, der Sie gut kennt, über Sie schreiben; Sie werden staunen über den Unterschied Ihres Selbstbildes zu dem Bild eines anderen von Ihnen.

Eigene Aussagen zu Ihrer Person:
Wenn Sie einem Fremden in wenigen Sätzen beschreiben sollen, wer Sie sind, machen Sie drei Aussagen über sich selbst:
1. Ich bin ……………………………..
2. Ich bin ……………………………..
3. Ich bin ……………………………..

Wie sehen die anderen mich?

Was sagen Freunde über Sie?
1. Sie/Er ist ……………………………..
2. Sie/Er ist ……………………………..
3. Sie/Er ist ……………………………..

Welche Stärken und Schwächen ordnen andere Ihnen zu?

Fünf Stärken:
1.
2.
3.
4.
5.

Vier Schwachpunkte:
1.
2.
3.
4.

Nun bestimmen Sie, welche drei Dinge Sie dringend zum Leben brauchen, um sich wohl zu fühlen und um zufrieden in Ihren Beziehungen zu sein.

Ich brauche ……………………………..

Ich brauche …………..…………..………..

Ich brauche …………..…………..………..

Welcher Satz sollte Ihrer Meinung nach am Ende Ihres Lebens auf Ihrem Grabstein stehen?

…………..…………..……….. (Name) war …………..…………..………..

Die Aussagen zu Ihrer Person geben Ihnen zu erkennen, welches Bild Sie von sich selbst haben. In dem, was Freunde über Sie aussagen, erkennen Sie, was Ihnen wirklich wichtig ist.
Sie haben ermittelt, was Sie brauchen, um zufrieden leben zu können, und der Satz auf Ihrem Grabstein zeigt, was von Ihnen bleiben soll, welches Ihr Lebensziel ist.
Aus Lebenssinn und Lebensziel eines Menschen ergibt sich sein Lebensstil.

Formulieren Sie jetzt einen Satz, der den Sinn Ihres Lebens treffend formuliert:
(z. B. „Ich setze mich für Schwächere ein, das erfüllt mich mit Zufriedenheit.")

…………..…………..…………..…………..…………..…………..…………..…………

Formulieren Sie nun einen Satz, der das Ziel Ihres Lebens treffend formuliert:
(z. B. „Ich will am Ende nicht ausschließlich für mich selbst gelebt haben, andere sollen von meinen Begabungen profitiert haben.")

…………..…………..…………..…………..…………..…………..…………..…………

Was Sie jetzt formuliert haben, beschreibt Ihre individuelle Lebenseinstellung. Nun fassen Sie diese beiden Sätze zusammen, indem Sie einen Satz daraus ableiten, der Ihre Lebenseinstellung treffend beschreibt:
(z. B. „Meine Wertschätzung bekomme ich durch Einsatz für andere, die anderen sollten mein Engagement anerkennen.")

…………..…………..…………..…………..…………..…………..…………..…………

Die Beispielsätze beschreiben einen dienenden, selbstbewussten Menschen, der auch abhängig ist von der Anerkennung seiner Begabungen und seines Einsatzes. Er könnte in der Gefahr stehen, sich zu sehr abhängig zu machen von der Wertschätzung anderer. Jeder Mensch braucht die Wertschätzung der anderen, und wir alle sind in unserem Lebensstil auch versucht, neurotische Züge zu entwickeln, um dieses Bedürfnis zu befriedigen.

Prüfen Sie selbst: Wo machen Sie andere verantwortlich, wo Sie selbst Verantwortung übernehmen sollten? Wo übernehmen Sie mehr Verantwortung für andere, als Ihnen zusteht? Vermeiden Sie es grundsätzlich, Verantwortung zu übernehmen? Sind Sie immer das Opfer der Umstände, Ihrer Krankheiten, anderer Menschen?

Wo gehorchen Sie noch den falschen Aktionsmustern, die Sie in der Kindheit erworben haben?

Korrektur der Lebenseinstellung

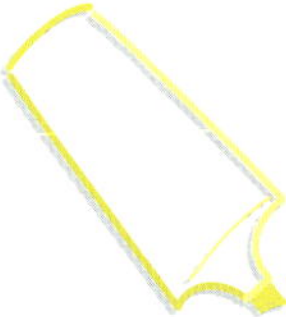

Das Erkennen falscher Ziele und Meinungen kann der erste Schritt zur Veränderung sein. Auch wer ganz zufrieden mit sich ist, wird hier und da noch andere verletzen oder erkennen, dass er falsch gehandelt hat. Gott weiß, warum Sie so und nicht anders geprägt sind, warum Sie auf eine bestimmte Weise handeln und reden. Gott kennt Ihre Eigenarten und gebraucht Sie sogar, wenn Sie ihm das erlauben. Gott wusste von Ihrer Existenz, noch bevor Ihre Mutter erfahren hatte, dass Sie mit Ihnen schwanger war, er gab Ihnen vom ersten Moment an Ihren ganz individuellen Wert, unabhängig davon, wie Sie waren und noch werden würden.

Ein gutes Mittel, um zu erkennen, wo Sie vielleicht mit Ihrem Lebensstil falsch liegen: Achten Sie auf das, was Sie sich einreden. Was sagen Sie sich immer wieder selbst an den Stellen, wo Sie in Konflikt mit sich und anderen geraten? (Sätze wie: „Ich bin zu grob, so mag mich keiner leiden.“) Es liegt auf der Hand, dass wir solche Sätze nicht nur denken, sondern wir verhalten uns auch nach ihnen. Es ist so, als müssten wir erfüllen, was wir über uns selbst sagen. Solche Sätze sind nicht selten Lügen, die wir glauben. Entlarven Sie deren Lügencharakter, denn niemand ist nur grob oder nicht liebenswert. Jeder hat seine ganz eigenen liebenswerten Seiten.

Überlegen Sie sich eine realitätsnahe neue Gegeneinrede zu den Sätzen, die zu Ihrem Leben als Kind gehörten, aber nun nicht mehr angemessen sind. (Z. B.: Ich reagiere manchmal grob, wenn ich mich verletzt fühle, aber ich selbst bin kein grober Mensch und die Menschen die mir nahe stehen, wissen, wie einfühlsam ich bin! Oder: Im Vergleich mit meiner älteren Schwester war ich in der Schule nicht so leistungsfähig, aber mit meinen Begabungen fülle ich den Platz aus, an dem ich stehe!)

Dies hilft, den Lebensstil zu korrigieren, wo es nötig ist. Solche Korrekturen geschehen nicht plötzlich, sie erfordern Arbeit und Geduld. Setzen Sie sich bewusst ein Ziel, das Sie für sich selbst erreichen wollen, definieren und formulieren Sie dieses möglichst schriftlich und gehen Sie in dem Bewusstsein ans Werk, dass Sie nicht ausschließlich aus Fehlern bestehen. Lassen Sie sich nicht durch Rückschläge entmutigen, lachen Sie auch mal über sich und vergessen Sie nie, dass es einen gibt, der Sie so liebt, wie Sie geworden sind.

Mein Ziel: ....

Wenn Sie die Aufgaben dieses Kapitels für sich, vielleicht auch mit Ihrem Partner, durchgearbeitet haben, wissen Sie einiges mehr über sich selbst und über Ihre Prägung.
Die meisten Menschen haben das Bedürfnis, sich selbst immer besser kennen zu lernen. Sie wollen erfahren, was sie wirklich antreibt, welche verborgenen Ziele sie verfolgen, wie sie geprägt sind; warum sie so und nicht anders agieren und reagieren. Der Wunsch nach immer größerer Selbsterkenntnis ist gut, denn sich selbst zu kennen ist ein wichtiger Schritt in Richtung persönliches Wachstum. Ich kann nichts ändern, was ich nicht begriffen habe, und nichts loslassen, was ich nicht angenommen habe. Wenn ich mich selbst mit meiner Prägung erkannt und angenommen habe, kann ich mich mit Gottes Hilfe auch da verändern, wo es notwendig ist. Davon profitiere nicht nur ich, indem ich frei werde von alten Denkmustern und Handlungszwängen; davon profitiert auch meine Familie, speziell meine Kinder.

Kapitel 3

Der Einfluss der Eltern auf ihre Kinder

Im nun folgenden Teil geht es darum, anhand einer Beispielfamilie aus der Beratungspraxis aufzuzeigen, wie mögliche kranke Strukturen sich auf Einzelne in der Familie auswirken und wie Kinder unter den schwierigen Beziehungsmustern der Eltern leiden können. Ebenso werden Anregungen gegeben, welche Möglichkeiten es gibt, aus unguten Strukturen auszusteigen und konstruktive Verhaltensmuster einzuüben.

Die Familie – ein lebendiges, dynamisches System

Jeder von uns ist und bleibt irgendjemandes Kind. Alle sind wir eingebunden in eine Familiengeschichte. Dieses Beziehungsgeflecht hat unsere Vergangenheit geprägt, bestimmt unsere Gegenwart und hat Einfluss auf unsere Zukunft. Niemand kann sich dem entziehen, aber wir können gestaltend an unserer eigenen Zukunft mitwirken. Diese Zukunft beginnt jetzt; vorausgesetzt, Sie sind bereit, Ihre ganz eigenen Verhaltensmuster zu durchschauen, Verantwortung dafür zu übernehmen und zu ändern, was änderungsbedürftig ist.

Die Familie ist keine Ansammlung von vereinzelten Individuen, sondern immer ein lebendiges, dynamisches System. Das Tun und Lassen des Einzelnen, und erscheint es noch so bedeutungslos, beeinflusst alle anderen. Sie als Person sind aus einem Beziehungsgeflecht hervorgegangen, dessen Eigenschaften Sie wiederum übertragen auf Ihre jetzige Familie.
Wir alle erträumen uns die Familie als den Ort absoluter Geborgenheit. Die Nähe und Wärme, die wir in ihr erfahren, bietet einen gesunden Nährboden für das Leben. Für viele Menschen wird genau dieser Traum zur Tragödie. Fast jede zweite Ehe wird in unserer Zeit geschieden, die Kinder leiden darunter am meisten. Der Traum vom großen Glück, der sich sehr oft in bombastisch ausgestatteten Hochzeitsfeierlichkeiten manifestiert, ist schnell ausgeträumt. Ehe und Familie werden überflutet mit höchsten Erwartungen, denn je individualistischer und egozentrischer die Gesellschaft, desto tiefer die Sehnsucht nach emotionaler Sicherheit im „Hafen" der Ehe. Die eigene Familie gilt vielen als Zufluchtsort, als letzter Hort der Liebe, der Gemeinschaft und Stabilität. Doch viele scheitern hier an ihren hohen Ansprüchen.
Besonders wenn das erste Kind geboren wird, sind Paare den Anforderungen der Partnerschaft und denen des Kindes oft nicht gewachsen. Manche Mängel offenbaren sich erst durch den erhöhten Stress, den ein Kind oder die Kinder mit sich bringen.

Sybille G. hat sich auf ihr Bett geworfen, schreiend hämmert sie mit den Fäusten ins Kissen.
Ihr dreijähriger Sohn schreit nebenan im Wohnzimmer. Eine seiner wahnsinnigen Attacken. Ein winziger Auslöser genügt, damit er sich auf den Boden wirft und hemmungslos brüllt. Sybille beginnt zu dämmern, welche Gefühle Eltern bewegen, die ihr Kind im Affekt umbringen. Um in ihrem Zorn nicht ihren Sohn zu schlagen, prügelt sie auf das Kissen ein. Sie ist am Ende. Sie weiß, es muss etwas geschehen, bevor sie die Beherrschung verliert und ihrem Kind etwas antut.
Als sie sich beruhigt hat, ruft sie den Kinderarzt an und schildert ihm ihre Not. Sie bekommt von ihm die Adresse einer Beratungsstelle. Sie vereinbart einen Termin für die nächste Woche und geht mit ihrem Sohn Jan dorthin.

Als sie mit Jan an der Hand vor der Tür der Beratungsstelle steht, wird ihr schlagartig bewusst, wie sehr sie sich dieses Kind gewünscht hat, und wie sie sich, so lange sie denken kann, nach einem Partner gesehnt hat. Eine eigene glückliche, harmonische Familie, das war von jeher ihr Traum gewesen. Seit acht Jahren ist sie nun verheiratet, drei Kinder hat sie geboren. Mit ihrem Mann und den Kindern wohnt sie im Haus der Schwiegermutter. Der Gang zur Familienberatung erscheint ihr wie eine Kapitulation, wie das Eingeständnis, versagt und alle ihre Träume aufgegeben zu haben.

Im Sprechzimmer angekommen, zeigt Jan, wie er seine Mutter im Griff hat. „Zieh die Jacke aus, hier ist es doch warm", sagt sie zu ihm. „Nein, will ich nicht!", erwidert er. „Dann spiel ein bisschen, guck die schönen Autos." „Nein."

So geht es eine Viertelstunde, Jan ist zu nichts zu bewegen. Die Mutter, inzwischen schweißgebadet, sucht ihn abzulenken und will ihn zwingen, die Jacke auszuziehen, doch ohne Erfolg. Sie erzielt den Effekt, dass Jan sich brüllend auf den Boden wirft. Bei jedem Versuch, ihn zu berühren, tritt und schlägt er nach ihr. „Diesen Terror erlebe ich täglich zu Hause. Ich habe Angst, dass ich ihm eines Tages was antue!"

Therapeut und Co-Therapeut beobachten das Szenario. Sie wissen, hier kämpft ein Kind um den Erhalt seiner Familie. Auf seine Weise natürlich. Jans Gebrüll ist der Hilfeschrei des schwächsten Gliedes einer verknoteten Kette. Bei Jan zeigen sich die Symptome der bisher nicht sichtbaren Probleme zwischen den Eltern.

Als Jan sich etwas beruhigt hat, fragt einer der Therapeuten Sybille: „Frau G., wie ist Ihnen jetzt zumute? Sie haben sicher einiges mitgemacht in der letzten Zeit!"

Da brechen Worte aus ihr hervor, die sie jahrelang zurückgehalten hat: „Ich bin schuld, dass Jan so ist, dass keiner ihn mag. Ich bin Tag und Nacht für die Kinder da, aber ich sehe keine Lösung. Was ist nur mit ihm los?"

Der Therapeut macht Sybille klar, dass es hier nicht um Schuldzuweisungen gehen kann, sondern dass man herausbekommen muss, was in ihrer Familie aus dem Gleichgewicht

geraten ist. Er fragt nach den Situationen, in denen Jan „normal“ ist.
Sybille erklärt: „Wenn mein Mann und ich uns besser verstehen, ist Jan auch zu ertragen. Nur werden die Zeiten, in denen wir miteinander auskommen, immer seltener. Ich hab das Gefühl, ständig einen Kloß im Hals zu haben, mir ist der Hals wie zugeschnürt. Seit ich mit dem ersten Kind schwanger war, hab ich meinem Mann gesagt, dass es nicht gut für uns ist, wenn wir im Haus seiner Mutter leben. Und dann noch die vielen Schwestern und Brüder meines Mannes, seine Familie ist allgegenwärtig. Ich will eigentlich da raus, aber das geht nicht, wir haben die Hälfte des Hauses gekauft.“
Für den Familientherapeuten ist deutlich: Sybille fühlt sich von Feinden umgeben, aber hat sich bisher niemandem anvertraut. Ihr Körper zeigt durch das „Kloßgefühl“ im Hals, dass sie unfähig ist, ihre Gefühle auszusprechen und damit eindeutig zu zeigen, wie es ihr geht. Jan hat die unterdrückten Gefühle der Mutter sehr wohl auf seine Weise begriffen. Er spürt ihre Not. So wie sie mit ihm leidet, dass keiner ihn mag, so leidet er mit ihr. Der Wust von Zorn, der immer wieder aus ihm hervorbricht, ist ihr Zorn über die Familiensituation, den sie nicht zu äußern wagt.
Jan wütet im Auftrag seiner Mutter. Der ältere Bruder ist ein eher ruhiges Kind, er geht schon zur Schule. Beim ihm fällt auf, dass er sich sehr zurückzieht, stundenlang in seinem Zimmer sitzt, liest, sich mit Hausaufgaben beschäftigt. Wenn es laut wird in der Familie, zieht er die Kopfhörer über und dreht die Musik lauter. Die Jüngste ist erst anderthalb Jahre alt, ein kleiner Sonnenschein. Sie scheint noch unberührt von den Spannungen in der Familie. Im Gegenteil, sie dreht sich und tanzt nach der Musik im Radio, auch wenn die Stimmung nicht so gut ist. Das heitert die Mutter auf. Nur Jan, der Mittlere, verschlimmert die gesamte Familienatmosphäre, indem er seine unberechenbaren Ausbrüche an den Tag legt. So robust diese Ausbrüche ihn erscheinen lassen mögen, so sensibel ist Jan. Seine Antenne ist auf das gerichtet, was die Eltern senden. Die Mutter bringt ihre Gefühle nicht zum Ausdruck, Jan tut das für sie.

Mit feinsten sensorischen Fähigkeiten nehmen Kinder die unterdrückten Erwartungen und Wünsche ihrer Eltern auf und fechten deren Kämpfe aus, manchmal lebenslang. Ein Mechanismus, über den sich Eltern ihr Überleben über Generationen in ihren Kindern sichern.
Eltern delegieren auch ihre unerreichten Ziele an die Kinder. Das kann in sehr unterschiedlichen Formen zum Ausdruck kommen.

Delegationen der Eltern an ihre Kinder

1. Das Ich-Ideal der Eltern erfüllen

- Der Vater, der den Familienunterhalt durch schwere körperliche Arbeit verdienen muss, und der sein Leben lang neidisch auf die Lehrer geschielt hat, die gegen halb acht, die Aktentasche unterm Arm, gemütlich an ihre Arbeit gehen, der sagt sich: Mein Sohn soll es besser haben als ich, er muss studieren und es wird ihm besser ergehen als mir.
- Die Mutter, die klassische Musik liebt und alle bewundert, die ein Instrument beherrschen, kann Noten weder lesen noch schreiben, erträumt aber für ihre Tochter eine Karriere als Pianistin.
- Die Mutter, die früh ein Kind bekam, noch bevor sie ihre Ausbildung beenden konnte; für sie bricht eine Welt zusammen, wenn ihrer Tochter das Gleiche passiert. Sie hatte ganz andere Pläne für ihr Kind.

Solche ausgesprochenen oder unausgesprochenen Erwartungen der Eltern bringen Kinder dazu, den Traum der Eltern erfüllen zu wollen. Eigene Pläne treten dabei in den Hintergrund, werden vielleicht nie bewusst, verursachen aber ein unterschwelliges Unwohlsein und führen zur Unzufriedenheit mit dem eigenen Leben. Unterschwellige Rachegedanken kommen in Ängsten oder Depressionen zum Ausdruck. Wenn die Kinder ausbrechen, müssen sie die Bürde auf sich nehmen, mit den enttäuschten Erwartungen ihrer Eltern zu leben. Auch das kann schwer sein. Beide Varianten sind ein erhebliches Hindernis für Kinder, den eigenen Lebensweg zu finden.

2. Den Eltern die Arbeit abnehmen

Wenn ein Kind in der Geschwisterreihe stirbt und die Eltern sich der Trauerarbeit um dieses einmalige Kind nicht stellen wollen oder können, bekommt ein anderes Kind von den Eltern quasi den Auftrag, das

Leben des verstorbenen Kindes zu leben. Dieser beginnt bereits, indem Eltern sich sehr bald nach dem Tod eines Kindes ein weiteres Kind wünschen, um sich mit diesem Kind über den Tod des anderen hinwegzutrösten. Das nachfolgende Kind soll ihnen mit seiner Existenz die schmerzhafte Trauerarbeit ersparen.
Für das Kind entsteht das Gefühl, von der Liebe der Eltern nicht persönlich gemeint zu sein, denn seine Aufgabe ist es, die Rolle eines Verstorbenen zu übernehmen und an seiner statt die Eltern zu erfreuen.

3. Frühe Verantwortung

Besonders Mädchen werden oft zu früh in die Mitverantwortung für die Familie herangezogen.

Die Eltern sind zu schwach oder zu sehr anderweitig beschäftigt, sie übertragen ihre Verantwortung auf eines ihrer Kinder. So bekommt das Kind Verantwortung für Erziehung und Wohlergehen jüngerer Geschwister oder Aufgaben im organisatorischen und häuslichen Bereich der Familie. Viele dieser Kinder trauen sich nicht, sich selbst von der Familie zu lösen, weil sie sich verpflichtet fühlen, für das Wohl ihrer Geschwister zu sorgen. Es ist erwiesen, dass ältere Schwestern nach dem Tod der Mutter deren Rolle übernehmen und treu sorgende Ansprechpartnerinnen für ihre jüngeren Geschwister bleiben.

4. Lieblingskind

Ein Elternteil verbündet sich mit einem der Kinder, um gegen den Partner zu paktieren, und nimmt dieses Kind damit für sich selbst in Beschlag. Um seine exponierte Stellung zu behalten, muss dieses Kind ganz den Wünschen des vereinnahmenden Elternteil entsprechen. Es verliert das Recht auf eigene Wünsche und Bestrebungen und wird zur Marionette, zum Partnerersatz.

Zusätzlich wird es aus der Geschwisterreihe herausgenommen und ist auf einsamem Posten, weder den Erwachsenen zugehörig noch den Geschwistern.

5. Vermittler

Oft müssen Kinder die Rolle eines Vermittlers zwischen den zerstrittenen Eltern übernehmen.

Sie spüren die Spannung und werden von beiden Elternteilen zur Rechtsprechung und Vermittlung zwischen den Parteien herangezogen. Ihre erste Sorge gilt dem Wohlergehen der Eltern, ihre eigene Persönlichkeit tritt ganz in den Hintergrund.

6. Sündenbock

Eines der Kinder aus der Geschwisterschar wird ausersehen, alles Versagen, alles was schief läuft in der Familie, auf sich zu nehmen. Verhaltensauffällige Kinder bieten sich für diese Rolle in besonderer Weise an, denn sie verursachen naturgemäß größeren Stress und ziehen mehr negative Aufmerksamkeit auf sich als andere. Sie sind Menschen, die das Unglück anzuziehen scheinen, also schiebt man ihnen den Rest des Familienunrats auch noch in die Schuhe.

Kinder werden so auf die unterschiedlichste Art und Weise zu Delegierten ihrer Eltern.
Aus eigener Bedürftigkeit nehmen Eltern ihre Kinder völlig für sich in Beschlag und behandeln sie wie einen persönlichen Besitz. Das ungesunde Verhältnis zwischen Nähe und Distanz degradiert die Kinder zu Leibeigenen der Eltern. Das Recht auf die eigene Lebensgestaltung wird ihnen damit entzogen. Manche Familien „fressen" auf diese Art ihre Kinder, ohne sich jemals dessen bewusst zu werden.
Kinder sind das schwächste Glied in der Familienkette, sie werden zu Symptomträgern für unterschwellige Probleme im Familiensystem. Die schwierigen Kinder, derentwegen Eltern zur Beratung gehen, werden dort nicht als krank angesehen. Therapeuten wissen, dass Schulprobleme, Essstörungen oder andere Auffälligkeiten die Alarmglocken für drohende Gefahr im familiären Beziehungsgeflecht sind.

Zurück zu Sybille und Jan G. in der Praxis des Familientherapeuten:

Jan hat sich einer Holzeisenbahn zugewandt, der Therapeut fragt Sybille: „Gibt es Phasen, in denen es Jan besser geht?"
„Ja, wenn es mir besser geht. Wenn ich entspannter mit meinem Mann umgehen kann, dann ist Jan weniger unruhig. Diese Zeiten werden immer seltener. Wir streiten uns ständig. Mein Mann ist der Meinung, dass es mich nicht stören muss, wenn auch noch seine Schwestern und Brüder ständig durch unsere Wohnung laufen. Und wie schon gesagt, umziehen können wir nicht, wir haben die Hälfte des Hauses gekauft!"
„Was tut Ihr Mann, wenn Sie streiten?", fragt der Therapeut.
„Er zieht sich ganz zurück, er sagt: ‚Meine Verwandten tun dir doch nichts', meistens geht er dann angeln, weil ihm alles zu stressig wird. Wir können nicht mehr miteinander reden."
Zu Hause leidet Sybille stumm, ihr Mann vermeidet jede Konfrontation, und Jan brüllt und gebärdet sich wie wild, um der Spannung etwas entgegenzusetzen. In dieser scheinbar ausweglosen Situation braucht die Familie einen Impuls von außen, um etwas verändern zu können. Der Therapeut bittet Sybille, ihren Mann zur nächsten Therapiestunde mitzubringen.
Zwei Wochen später ist die Situation eskaliert. Sybille ist mit den Kindern zu einer Freundin gezogen. Klaus G. hat sich mühsam überreden lassen, mit zur Beratung zu kommen. Schweigend und mit verbissener Miene sitzt er im Sprechzimmer.
Sybille ist total verkrampft. Auf Befragen des Therapeuten sagt sie: „Es ist alles aus! Mit Jan ist es ein wenig besser seit dem letzten Mal. Ich habe Ihren Rat befolgt, strengere Regeln aufzustellen und ihm weniger Angebote zu machen; das hat Jan dazu gebracht, schon einmal ohne mein Beisein einzuschlafen."
Klaus wird vom Therapeuten zur Familiensituation befragt: „Was empfinden Sie dabei, wenn Ihre Frau und Ihre Herkunftsfamilie sich gegenseitig so entschieden ablehnen?"
„Ich sehe das nicht so, und ich sehe da auch keinen Grund, mich einzumischen!"
Darauf Sybille: „Deine Schwestern gehen ständig durch unser Haus, würdigen mich keines Blickes, deine Mutter holt sich

einfach eines unserer Kinder, ohne mir Bescheid zu sagen, und du siehst keinen Grund einzugreifen, typisch! Dich betrifft das alles nicht, du siehst nur dich und deine Familie!"
Klaus: „Red keinen Unsinn, das bildest du dir alles nur ein!"

Eine Familie wie tausend andere, im „Krieg". Die Waffen sind nicht Fäuste, sondern die Entwertung des anderen. Jeder ist nur noch bei sich, der Blick auf die Situation des Partners bleibt verstellt. Es scheint keine Lösung mehr zu geben. Viele Paare trennen sich an diesem Punkt, weil sie keinen Ausweg mehr sehen.

Elterliche Streitmuster

Wissenschaftler haben die Kommunikation unglücklicher Paare untersucht und festgestellt, dass neben der Delegation elterlicher Erwartungen und Probleme an die Kinder entwertende Strategien in der Kommunikation der Partner eine verheerende Wirkung auf die Kinder haben.

Die Beziehung der Eltern ist die Achse der Familie.

Die Beziehung der Eltern, die Achse der Familie, um die sich alles dreht, läuft nicht mehr rund. Die Kinder können sich nicht mehr auf ihr Miteinander konzentrieren, sie werden abgelenkt durch die Sorge um die Eltern, unbewusst schleichen sich Schuldgefühle in die Kinderseele, sie signalisieren den Kindern: Ich bin schuld, dass meine Eltern streiten. Ist die Beziehung der Eltern angeknackst, leiden die Beziehungen der Geschwister untereinander ebenfalls. Die ohnehin unter Geschwistern angelegte Rivalität kommt stärker zutage, weil jeder verunsichert ist. Denn das Familiensystem fängt die Kinder nicht auf in ihrer Individualität, sondern lenkt sie weg von sich und ihrer Entwicklung, weil jeder das Seine tun muss, um das System zu erhalten, und dabei auch das eigene „Überleben" zu sichern.

Geschwister tun sich zusammen und bilden eine Allianz gegen andere Geschwistergruppen, oder Elternteile verbinden sich mit Kindern, um gegen die anderen zusammenzuhalten.

Dass die Eltern ihr Leben nicht allein bewältigen, sondern die Kinder heranziehen müssen, vermittelt den Kindern Pessimismus und Angst vor dem Leben. Störungen in der Lebensführung sind vorprogrammiert, bis hin zu dem erhöhten Risiko von Scheidungskindern, später in der eigenen Ehe zu scheitern. (Es geht hier nicht um die Konflikte und Krisen, die jede Ehe durchläuft. Im Gegenteil, wenn Eltern konstruktiv damit umgehen, hat das wegweisende Wirkung für das Konfliktlösungsverhalten ihrer Kinder. Offener und ehrlicher Umgang mit Unterschiedlichkeiten, verschiedenen Meinungen und Vorgehensweisen seitens der Eltern wird seine positive Wirkung auf das Verhalten der Kinder nicht verfehlen.)

Hier geht es um destruktive Strategien, die das Miteinander der Ehe und die Kommunikation der Partner so untergraben, dass sie zum Scheitern der Beziehung führen. Wobei die Trennung nicht nach außen hin sichtbar sein muss.

Amerikanische Wissenschaftler haben durch Untersuchungen von typischen Verhaltens- und Kommunikationsmustern herausgefunden, dass das Zerwürfnis sich in vier Schritten ankündigt.

1. Schritt: Kritik

Damit sind nicht berechtigte Beschwerden über den anderen gemeint, sondern negative Aussagen über die Persönlichkeit des Partners, die meist mit einer Schuldzuweisung einhergehen.

Wie z. B. Sybille ihrem Mann im Streit sagt: „Wie kannst du nur so eiskalt sein und bei einem Streit einfach weggehen. Deine Angelei ist dir wichtiger als ich!" Er kontert mit: „Du bist sowieso nie zufrieden!" Sybille erwidert: „Du wirst dich nie von deiner Mutter lösen, du bist und bleibst ein Muttersöhnchen!"

Hier werden Du-Botschaften an den Partner gerichtet, die mit einem vernichtenden Urteil über ihn einhergehen. Er wird in eine Schublade gesteckt und hat keine Chance herauszukommen.

2. Schritt: Verachtung

Man empfindet den anderen als abstoßend, als den absoluten Versager. Sybille denkt: „Das ist doch kein Mann, der allen Problemen so aus dem Weg geht."

Seine innere Entgegnung ist: „Die kriegt ihr Leben nicht auf die Reihe."

Die äußeren Anzeichen sind: Ironie, Zynismus und Verhöhnung des Partners. Die Atmosphäre in der Familie ist dumpf, gespannt und öde. Selbst die Körpersprache drückt Verachtung aus. Die Frau sieht gelangweilt nach oben, während der Mann spricht, oder verdreht verächtlich die Augen; er verschränkt die Arme vor der Brust und starrt ins Leere, während sie sich äußert. Die positiven Eigenschaften, aufgrund derer man den anderen geheiratet hat, sind völlig ausgeblendet und keine Gelegenheit wird ausgelassen, ihn die Verachtung spüren zu lassen.

3. Schritt: Abwehr

Jeder Mensch, der Verachtung erlebt, versucht sich zu schützen, indem er seinen Widersacher beobachtet. Um dessen Reaktionen besser einschätzen zu können, baut er eine dicke Schutzmauer um sein Inneres. In diesem Stadium kommt die Kommunikation zwischen den Parteien zum Erliegen.

Jeder wehrt den anderen ab und ist gleichzeitig darauf bedacht, den anderen zu verletzen.

4. Schritt: Abblocken

Die Mauern zum Partner hin sind undurchdringlich geworden. Alle Gesten, Worte und Taten prallen ab an dem Schutzwall, den der andere aus Enttäuschung und Frustration um sich herum gebaut hat. Frauen haben in dieser Phase des Abblockens die Tendenz zu fliehen, aus der Verbindung zu gehen. Etwa 85 % der Männer dagegen schweigen eisern, weil sie meinen, durch Reden die Beziehung noch mehr zu gefährden. Auf Befragen hin werteten die Männer ihr Schweigen als neutral. Aufgrund von Messungen des Hautwiderstandes ließ sich jedoch feststellen, dass diese Männer eine erheblich intensivere körperliche Reaktion auf die Spannungen in der Beziehung zeigten als ihre Frauen. Sie schweigen also auf eigenes Risiko. Zudem sich ihre Partnerinnen von dem Schweigen eher gereizt als beruhigt fühlen.

Emotionale Erbmasse: Kinder imitieren ihre Eltern

Ein Elternpaar, dessen Beziehung sich in diesem Zustand befindet, zieht die Kinder unweigerlich mit hinein in diese Spannungen. Die Kinder beginnen, sich die Probleme der Eltern zu eigen zu machen. Kinder verinnerlichen die negativen Beziehungs- und Kommunikationsmuster ihrer Eltern und werden sie in ihrem Leben unweigerlich wiederholen und wiederum an ihre Kinder weitergeben. So kommt es zu generationsübergreifenden Mustern. Wenn man sich solche gestörten Kommunikationsschemata nicht durch einen Wechsel der eigenen Perspektive bewusst macht, wirken sie wie ein schleichendes Gift weiter in den neu entstehenden Familien- und Geschwistersystemen. Dort erzeugen sie immer wieder neue traumatische Situationen, die den Einzelnen krank machen.

Perspektivwechsel: Familienaufstellung und Familienstammbaum

Zurück ins Therapiezimmer zu Familie G.:

Die Aufgabe des Therapeuten ist es, die Mauern, die jeder um sich aufgebaut hat, zum Einsturz zu bringen. Er wendet sich fragend an Klaus G.: „In der großen Familie, in der sie aufgewachsen sind, könnte es da nicht eine kluge und sinnvolle Überlebensstrategie gewesen sein, sich aus allem möglichst herauszuhalten?"
Klaus nickt überrascht. Was seine Frau stets negativ empfindet, wird vom Therapeuten als „kluge Überlebensstrategie" gedeutet. Der Therapeut ermöglicht ihm zum ersten Mal die

andere Sicht auf sein Verhalten. Es wird ihm klar, dass sein Abblocken eine für ihn (über-)lebenswichtige Handlungsweise in der Ursprungsfamilie war. Der positive Ansatz ermöglicht ihm den Blick über die eigene Mauer.

Der Therapeut gibt Klaus ein Holzbrett und Holzfiguren mit bunten Kleidern. Diese symbolisieren seine Eltern und Geschwister. „Stellen Sie mit diesen Figuren Ihre Familie auf, wie Sie sie zur Zeit empfinden.“ Klaus signalisiert, dass er dieses Spiel als albern empfindet, aber lässt sich dann doch darauf ein.

Er stellt zwei Kreise auf, der eine Kreis stellt seine Herkunftsfamilie dar, die Mutter und die Schwestern stehen mit dem Gesicht dem zweiten, kleineren Kreis zugewandt da.

„Was fällt Ihnen an diesem Bild auf?“

Klaus: „Meine Mutter und Geschwister schauen auf uns, auf meine Frau und meine Kinder.“

Der Therapeut fragt: „Was müsste sich ändern, damit Sie alle zufriedener leben könnten?“

Nach einigem Zögern nimmt Klaus Mutter- und Schwesternfiguren und dreht sie mit dem Rücken zu seiner Familie. „So, jetzt beobachten sie uns nicht ständig, das ist besser!“

„Was können Sie tun, um diesen Zustand zu erreichen?“

Klaus ist unsicher, schaut zuerst seine Frau, dann den Therapeuten an: „Ja, vielleicht doch mal mit denen reden, damit sie ein bisschen Abstand halten.“

Jetzt soll Sybille G. die Familie stellen, so wie sie die Lage empfindet. Sie stellt die Familie ihres Mannes in einem engen Kreis auf, ihre eigene kleine Familie legt sie in die gegenüberliegende Ecke des Brettes. Mutter und Kinder klammern sich aneinander, den Ehemann stellt sie, mit dem Gesicht ins Leere schauend, zwischen seine Ursprungsfamilie und seine Frau und seine Kinder. „Er interessiert sich sowieso nicht für uns“, ist ihr Kommentar.

Der Therapeut fragt: „Ihr Mann steht ganz allein auf weiter Flur, weiß er denn, wie es in Ihnen aussieht?“

„Ja, nein“, sagt Sybille leise. „Eigentlich hab ich ihm nie so richtig gesagt, wie ich das alles empfinde.“

Klaus sieht auf die Figuren, die seine Frau aufgestellt hat, sieht das in der Ecke kauernde Grüppchen, seine Frau und

seine Kinder, in dieser erbärmlichen Lage. „Dass du das so krass siehst!“
Sie gibt laut zurück: „Das ist krass, du machst nichts, weder mit deinen Leuten noch mit uns, dir fällt im Ernstfall nur dein Angeln ein. Du gehst einfach, wenn es brenzlig wird! Ich bin doch Luft für dich!“ Ihr Kloß im Hals wird wieder hörbar.
Klaus starrt mit hängendem Kopf auf das Brett, Sybille, selbst erschrocken durch ihren Gefühlsausbruch, schweigt. Man hat das Gefühl, die Verwandten stehen mit im Raum, die Atmosphäre ist aufs Äußerste gespannt.
Klaus beginnt zu verstehen, wie einsam und verlassen sich seine Frau fühlt. Er spürt den Druck der beiden miteinander rivalisierenden Familien und er spürt, dass er zwischen allen Stühlen steht. Er, das älteste „Kind“ aus einer Großfamilie, die Eltern geschieden, hat die Turbulenzen seiner Kindheit überstanden, indem er sich gefühlsmäßig nicht mehr einließ. Um nicht aufgefressen zu werden von dem Hass der Mutter auf den Vater, der seine Frau und die sieben Kinder sitzen ließ, hat er sich das Verhaltensmuster angeeignet, flexibel mit den Dingen umzugehen. Möglichst hielt er sich aus allem heraus, lebte sein eigenes, zurückgezogenes Leben, war unabhängig und stand für sein Empfinden über den Dingen. Er nannte das Souveränität, seine Frau bezeichnete ihn als kalt und lieblos.
Was in der Kindheit als Selbstschutz funktioniert hatte, war jetzt im Erwachsenenleben zerstörerisch. Diese Tatsache begann ihm ganz langsam zu dämmern. Wie ein schleichendes Gift zerstörte seine früher sinnvolle Überlebensstrategie allmählich seine Familie.

Eltern verstricken ihre Kinder mit in ihre Konflikte. Sie leiden darunter und verstummen förmlich, nachdem sie die vier Phasen der ehelichen Zerrüttung durchlebt haben; die Kinder reagieren je nach ihrem Temperament mit Rückzug oder mit Auffälligkeiten wie Schulschwierigkeiten, Bettnässen, Wutanfällen oder anderen Verhaltensstörungen, die den Eltern signalisieren: Meine bzw. unsere Welt ist aus den Fugen geraten.
In dieser Situation fehlt den Erwachsenen oft die Fähigkeit, die Geschehnisse aus einer anderen Perspektive zu sehen. Sie sind so

blockiert durch ihren eigenen Kampf, dass sie die Realität der Kinder nicht mehr wahrnehmen können.
Wenn Sie glauben, dass Sie selbst in solch einer festgefahrenen Situation stecken, scheuen Sie sich nicht, jemanden zu suchen, der eine wirklichkeitsnahe Sicht von außen auf ihre Familie hat. Wenden Sie sich an einen kompetenten Seelsorger oder einen Therapeuten, der sie einfühlsam an der Hand nimmt und Ihnen hilft, Ihre Situation aus einem neuen Blickwinkel zu betrachten.

Sybille und Klaus G., noch ganz betreten von dem, was sich ihnen da eröffnet hat, werden vom Therapeuten gefragt: „Wie stellen Sie sich nun Ihre Zukunft vor?"
Sybille fegt schwungvoll die Schwestern ihres Mannes vom Brett. „Die sollen ganz weg, die sollen endlich aufhören sich einzumischen, die Schwiegermutter kann bleiben, aber ein bisschen weiter weg!"
„Warum stört Sie die enge Beziehung der Mutter zu ihren erwachsenen Kindern?"
„Man muss doch irgendwann einmal die Chance haben, ein eigenes Leben zu führen, meine Schwiegermutter klammert sich an ihren Töchtern fest, das macht mich richtig wütend! Für diese Wut schäme ich mich, aber ich komme dagegen nicht an, auch nicht, wenn ich will, sie zerfrisst mich innerlich."
„Was können wir gemeinsam tun, damit Sie Ihrer Schwiegermutter sagen können, wie es um Sie steht?"
„Nichts, gar nichts! Das mache ich auf keinen Fall, die hält mich sowieso für eine absolute Versagerin. Ich halte mich da raus, für mich ist das demütigend, ihr zu sagen, was ich denke!"
„Was müsste geschehen, damit Sie trotzdem mit ihr sprechen? Könnte Ihr Mann Ihnen helfen?"
„Nichts, gar nichts kann er tun!"
„Mir scheint, Sie sind der Schwiegermutter gegenüber ebenso gnadenlos wie Jan Ihnen gegenüber. Sie haben seit langem nicht mit ihr geredet. Ich frage mich, wie viel Energie Sie das schon gekostet hat."
Sybilles Blick schießt feurige Pfeile vor Wut. Klaus wirft ihr einen tröstenden Blick zu, diesen weist sie zurück.
Der Therapeut hat Sybilles Wut hinterfragt. Er will ihr Verhaltensmuster torpedieren, um es ihr bewusst zu machen.

Damit will er einen Weg für sie öffnen, auf dem sie diese destruktive Verhaltensweise ablegen kann. Sie reagiert in der Situation mit erhöhtem Widerstand, blockt ganz ab.
Einige Wochen später sitzt das Ehepaar G. erneut in der Praxis des Therapeuten: Sybille berichtet, wie sehr sie die Aggressionen in der letzten Sitzung aufgewühlt haben und wie der Druck des Therapeuten sie aufgeregt hat: „Ich bin nach Hause gegangen und ich war wie durchgeschüttelt, doch dann habe ich gedacht, jetzt oder nie, ich bin zu meiner Schwiegermutter gegangen und habe mit ihr geredet. Zuerst einmal nur andeutungsweise."
Klaus erzählt, er habe seiner Familie klar gemacht, dass er das Haus umbauen möchte, so dass die Wohnungen deutlich voneinander abgetrennt sind. Daraufhin sei seine Frau wieder eingezogen. Seine Geschwister fänden diese Baupläne unmöglich, sie wollten ihr Elternhaus gern unverändert lassen, aber seine Mutter habe ihm zu verstehen gegeben, dass sie einverstanden sei.
Der Therapeut resümiert: „Sie wollen also eine Trennung in den äußeren Dingen schaffen, aber wie steht es mit den inneren Abhängigkeiten? Heute wollen wir nachforschen, was zu diesem Zustand geführt hat."
Der Therapeut zeichnet einen Familienstammbaum, er lässt sich von Klaus die Daten sagen, die er dann in einem Schaubild der Familienbeziehungen grafisch darstellt. Klaus soll von seiner Familie erzählen. Von den Großeltern weiß er wenig, nur dass einer der Großväter Zimmermann war. Er berichtet über die eigenen sechs Geschwister und die Scheidung der Eltern. Wie es dazu kam, kann er nicht sagen. „Es muss doch Streit gegeben haben, Herr G.?", bohrt der Therapeut nach.
„Nein, ich erinnere mich nicht, unsere Mutter war immer für uns da. Der Vater, auch Zimmermann, war ein ruhiger, zurückgezogener Mensch, von dem haben wir nicht viel gehabt. Unsere Mutter war oft unzufrieden, aber es wurde nicht viel geredet, jedenfalls waren wir Kinder immer auf Mutters Seite."
„Ich finde erstaunlich, dass sie kein inneres Bild von den Problemen in ihrem Elternhaus haben", sagt der Therapeut. „Da muss es doch Konflikte gegeben haben?"

Sybille fragt dazwischen: „Hat deine Mutter nicht erzählt, er hätte sie geschlagen?“
Klaus beharrt: „Weiß ich nicht, ich kann mich nicht erinnern, ich hab ein ganz normales Elternhaus gehabt, meine Kindheit war in Ordnung. Ich hab immer mein eigenes Leben gelebt, was soll denn da gewesen sein?“

Viele Familien haben die Tendenz, ihr Familienleben im Nachhinein in ein Deckmäntelchen der Harmonie zu hüllen. Ungute Ereignisse werden von einzelnen Familienmitgliedern oder auch von allen geleugnet und totgeschwiegen, damit man sich nicht dem Schmerz über die Vergangenheit aussetzen muss. Über Beziehungen zu reden oder Konflikte im Nachhinein zu besprechen war in Klaus' Familie nicht üblich. Nicht bei den Eltern, also auch nicht bei den Kindern. Soziale Kompetenz wird in erster Linie in der Familie erlernt. Klaus bekam sie nicht durch sein Elternhaus vermittelt, infolgedessen hat er sich lediglich darin geübt, schmerzlichen Situationen und Konflikten aus dem Weg zu gehen oder sie ganz zu ignorieren. Mutter und Kinder hielten in der notvollen Situation nach der Scheidung zusammen, um zu überleben. Ihr Familienmotto lautete: Wir müssen zusammenhalten, sonst gehen wir alle unter.
Genau dieser Wahlspruch war es, der Frau G. das Zusammenleben mit der Familie ihres Mannes so schwer machte, es geradezu verhinderte. Der Familienclan ihres Mannes hielt zusammen, auch um den Preis, dass einzelne Familienmitglieder nicht ihr eigenes Leben entfalten konnten, wie Klaus selbst, der sich nicht aus der Überlebensstrategie seiner ersten Familie lösen konnte. Zu sehr war er diesem alten Wir verhaftet. Selbst die Aussicht auf die eigene Zukunft mit einer Frau und drei Kindern konnte ihn nicht aus diesem Geflecht lösen.
Als es in der eigenen Familie brenzlig wurde, traten wieder die alten Verhaltensmechanismen der Kindheit zutage.

Der Therapeut fordert Klaus auf, seinen Familienstammbaum genau zu betrachten: „Herr G., Sie haben einiges mit ihrem Vater gemeinsam. Er war Schreiner wie Sie. Er war leidenschaftlicher Angler wie Sie auch.“

Klaus wehrt ab: „Nein, mein Vater war Zimmermann, das ist nicht dasselbe wie Schreiner, bei mir geht es um Zentimeter, bei ihm um Meter, das ist ein großer Unterschied."
„Ja, aber Sie arbeiten beide mit Holz!"
„Mag sein, aber ich will mit ihm nichts zu tun haben."
„Wie war denn Ihr Vater so?"
Klaus wird ungeduldig: „Er war nie da."
Sybille wirft ein: „Du siehst ihm sogar ähnlich!"
Klaus wird wütend: „Ich will mit dem nichts zu tun haben!"
„Warum wehren Sie sich so vehement dagegen, mit Ihrem Vater in Zusammenhang gebracht zu werden?", fragt der Therapeut.
Klaus unterstreicht mit einer abwehrenden Geste, was er sagt: „Ich bin ihm nicht ähnlich!"

Oft erschrecken Menschen, wenn sie Ähnlichkeiten mit Vater oder Mutter an sich selbst entdecken. In der Regel haben Kinder das Bestreben, weiter zu kommen als die Eltern und nicht deren negative Verhaltensweisen zu wiederholen. Auch Klaus G. will nicht sein wie sein Vater, vor allen Dingen will er kein Verräter sein, wie er ihn bezeichnet. Deswegen steht er treu zu seiner Mutter und merkt dabei nicht, dass er im Begriff ist, die eigene Frau, die eigenen Kinder zu verraten.

Und so üben gerade die Dinge, die Kinder an den Eltern ablehnen, Macht über sie aus. Diese Macht besitzen sie, weil sie nicht geheilt, sondern verleugnet werden und so unterschwellig weiterwirken.

Um Verhaltensmuster zu verändern, muss man sie zuerst anschauen, sich bewusst machen und sie nicht Vater, Mutter oder Geschwistern zuschieben, sondern in die eigene Verantwortung hineinnehmen. Erst dann besteht die Chance, sie schrittweise abzubauen.

Nun erstellt der Therapeut einen Familienstammbaum mit Sybille G. Auf den ersten Blick kommt sie aus einer übersichtlichen, normalen Familie. Es sind nur zwei Geschwister, Vater und Mutter leben nach wie vor zusammen. Der Vater ist Schreiner, die Mutter Hausfrau. Der Vater hatte immer wieder mal ein Problem mit Alkohol. Eine Großmutter lebt noch, als „eine schreckliche Frau“ wird sie von Sybille bezeichnet.

Der Therapeut fragt: „Wo lebt diese Großmutter?“

„Bei uns im Haus.“

„Wie war das für Sie, Frau G.?“

Sybille schildert: „Es war kaum auszuhalten, oft kam sie in unsere Wohnung und beschimpfte meinen Vater, fing immer wieder Streit an. Wenn sie den Schlüssel ins Schloss unserer Wohnungstür steckte, gefror mir das Blut in den Adern. Ich hatte die Hoffnung, meine Eltern würden sie rauswerfen, aber das taten sie nie. Nur ich habe manchmal, wenn ich es gar nicht mehr aushalten konnte, geschrien: ‚Geh weg, geh endlich raus!‘“ Sybille hält auf einmal inne, sieht auf den Stammbaum und sagt: „Ja, da geht es mir ja wie meiner Mutter, die hatte ja auch die Schwiegermutter im Haus, ich fasse es nicht!“

Der Therapeut ermutigt sie: „Dann gehen Sie doch noch einen Schritt weiter, es ging Ihnen wie Jan. Waren Sie nicht in einer

ganz ähnlichen Situation wie Ihr Sohn? Er erlebt wie Sie damals, dass seine Mutter sich nicht wehren kann."
Sybille wundert sich: „Mir ging es damals doch so schlecht, warum habe ich mir denn das Gleiche wieder ausgesucht?"

Amerikanische Studien an viertausend Familien beweisen, dass es „unsichtbare Treuebindungen" bei Kindern gibt. Die Kinder haben eine starke Tendenz, für das Wohlergehen ihrer ersten Bezugspersonen zu sorgen.
Sybille G. spürte, unbewusst natürlich, dass die Großmutter einen Keil zwischen die Ehe der Eltern trieb, also wollte sie die Oma vertreiben, um die Eltern zu schützen. Dieses Schutzverhalten der Kinder hat den Zweck, die, von denen sie abhängig sind, zu stabilisieren, so dass diese ihrer Aufgabe als Ernährer und Beschützer der Kinder nachkommen können. Bis zur Selbstaufgabe erfüllen Kinder die Aufgaben ihrer Eltern, aus reinem Selbsterhaltungstrieb.
Mitunter ist die Bindung so stark, dass selbst erwachsene Kinder auf ihre eigene Lebensführung verzichten, weil sie das Gefühl haben, ihren Eltern etwas schuldig geblieben zu sein. Vor diesem Hintergrund wird Sybilles Wut, die ihr den Hals zuschnürt, verständlich. Sie kämpft nicht nur ihren eigenen Lebenskampf, sondern auch heute noch den ihrer Mutter; wohlgemerkt in der Form des Kampfes gegen die Schwiegermutter.

Unrat im Keller, Schätze auf dem Dachboden

Der Therapeut geht noch weiter, er fragt: „Wie sahen denn die guten Zeiten in Ihrem Elternhaus aus, wann gab es glückliche Momente?"
Klaus: „Wenn ich mit meinem Vater zum Angeln gehen durfte, dann haben wir miteinander geredet und ich hatte für kurze Zeit das Gefühl, er versteht mich."
Sybille: „Irgendwann hat mein Vater ganz aufgehört, Alkohol zu trinken, dann haben sich die Eltern besser verstanden und das Verhältnis zwischen meiner Mutter und der Großmutter wurde auch besser."

Es gab in Klaus' Beziehung zum Vater also auch die guten Momente, bei Sybille sogar den guten Ausgang des „Familiendramas", und doch waren diese guten Dinge aus ihrem Blickfeld verschwunden. Es gab nicht nur den „Unrat im Keller", sondern auch die „Schätze auf dem Dachboden". Auf die lenkt der Therapeut das Augenmerk des Paares. Er will ihren Blick auf das Positive richten, das sie auch mitgenommen haben aus ihren ursprünglichen Familien. Denn bei allem, was Probleme macht, gibt es auch immer die konstruktiven Dinge, die eine Familie weitergibt. Es gibt keine Familie, die nicht auch positives Potential an ihre Kinder vererbt, selbst wenn das Negative zu überwiegen scheint.

Rituale

Der zukünftige Umgang mit der Schwiegermutter wird nicht dem Zufall überlassen, Frau und Herr G. wird in der Beratungsstelle empfohlen, gute Rituale zu entwickeln. Nachdem das Haus umgebaut ist, soll die Schwiegermutter zweimal im Monat zum Kaffeetrinken eingeladen werden. Sybille G. kann sich das vorstellen und stimmt dem zu. Klaus G. möchte in Zukunft zweimal im Monat mit seiner Frau essen gehen und dabei von seinen guten und schlechten Erlebnissen im Alltag erzählen.

Solche Rituale haben stabilisierende und heilende Wirkung auf Familien. Verschüttete gute Erfahrungen werden ausgegraben, neue Gemeinsamkeiten geschaffen. Das ermutigt die Einzelnen und gibt dem Miteinander Stabilität.

Nach vier Wochen kommt Ehepaar G. zum Abschlussgespräch in die therapeutische Praxis.

Die Eheleute berichten: Der Umbau ist abgeschlossen, niemand kommt mehr unangemeldet ins Haus, Jan geht inzwischen in den Kindergarten und ist bis auf wenige Ausnahmen wesentlich ruhiger geworden. Klaus beschreibt ein Gefühl der Dankbarkeit seiner Frau und Jan gegenüber: „Jan und meine Frau haben uns ja hierher gebracht. Wie wäre das Ganze wohl sonst ausgegangen, vielleicht gäbe es unsere Familie gar nicht mehr. Der Älteste zieht sich nicht mehr so stark zurück, er kommt sogar manchmal, um mit einem von uns zu kuscheln, das ist Jahre nicht mehr so gewesen. Auch unsere Jüngste ist nicht mehr so aufgedreht, sie sitzt jetzt öfter mal ganz ruhig da und spielt oder malt. Alles in allem fühlen wir uns viel mehr als Familie, das ist eine ganz neue Erfahrung für uns, die uns sehr glücklich macht. Das Verhältnis zu meiner Mutter hat sich sehr verbessert, oft wird uns bewusst, was für ein schweres Leben sie hatte, wir wollen, dass sie noch ein paar schöne Jahre hat."

Was Eltern tun können

Der positive Ausgang einer dramatischen Familiengeschichte. Ungewollt sind die Eltern mit ihrer Vergangenheit Verursacher eines „Familiendramas". Die Kinder sind mit im Boot und können sich dem nicht entziehen, sondern sind dem Geschehen ausgeliefert.

Wenn Sie als Eltern in ähnlichen Situationen stehen und die Probleme ein harmonisches Familienleben nicht mehr zulassen: Suchen Sie nach kompetenten Menschen und Fachleuten, die Sie ein Stück des Weges begleiten und Ihnen einfühlsam helfen, eine neue Perspektive für Ihr Leben und das Ihrer Kinder zu entwickeln.

Es liegt in der Verantwortung der Eltern, ihren Kindern gutes Handwerkszeug für einen gesunden Umgang mit dem Leben mitzugeben. Doch selbst wenn Eltern noch so perfekt sein wollen, jeden Fehler vermeiden möchten, so werden sie doch immer Lücken bei ihrem Nachwuchs hinterlassen oder den Kindern Bürden auferlegen, die sie bewusst nie weitergeben würden. Dieser Tatsache können Eltern nicht aus dem Weg gehen, ja, sie müssen lernen, sie anzunehmen.

Perfekte, fehlerlose Elternschaft gibt es nicht, aber wie Sie mit Fehlern und Schwierigkeiten umgehen, beobachten Ihre Kinder genau – und sie ahmen Ihr Verhalten nach. Ihre große Chance als Eltern liegt darin, sich bewusst um einen konstruktiven Umgang mit den Problemen zu bemühen, die sich Ihnen im Familienalltag stellen.

Ihre große Chance als Eltern liegt darin, sich bewusst um einen konstruktiven Umgang mit den Problemen zu bemühen, die sich Ihnen im Familienalltag stellen.

Manche dieser Widrigkeiten haben ihren Ursprung in Ihrer eigenen Kindheit. Aufgrund von eigenen Verletzungen ist auch der Erwachsene festgelegt auf teils destruktive, immer wiederkehrende Reaktionen, die ihrerseits wiederum das Verhalten der Kinder prägen. Sich von diesen Mustern zu lösen gelingt nur, wenn man die eigene Vergangenheit bewältigt und damit eine Basis für den Heilungsprozess schafft.

1. Die Vergangenheit bewältigen

Bei jedem Menschen hat die Vergangenheit auch ihre unschönen Spuren hinterlassen. Fehlende Geborgenheit und Anerkennung, Missbrauch jeder Art, Entzug des Rechts auf freie Entwicklung der eigenen Persönlichkeit, Verwöhnung und Vernachlässigung, das sind Verletzungen, die sich eingravieren in die Persönlichkeit eines Kindes und Schmerz verursachen. Um dem Schmerz auszuweichen, erfindet man für sich Verhaltensnotlösungen, die den Zweck haben, den Schmerz nicht ständig spüren zu müssen. Muster wie: Ängste, Misstrauen, übertriebener Optimismus, Pessimismus, fehlendes Selbstvertrauen sind Verhaltensmuster, die positive, konstruktive Gemeinschaft in der Familie stören bzw. verhindern.

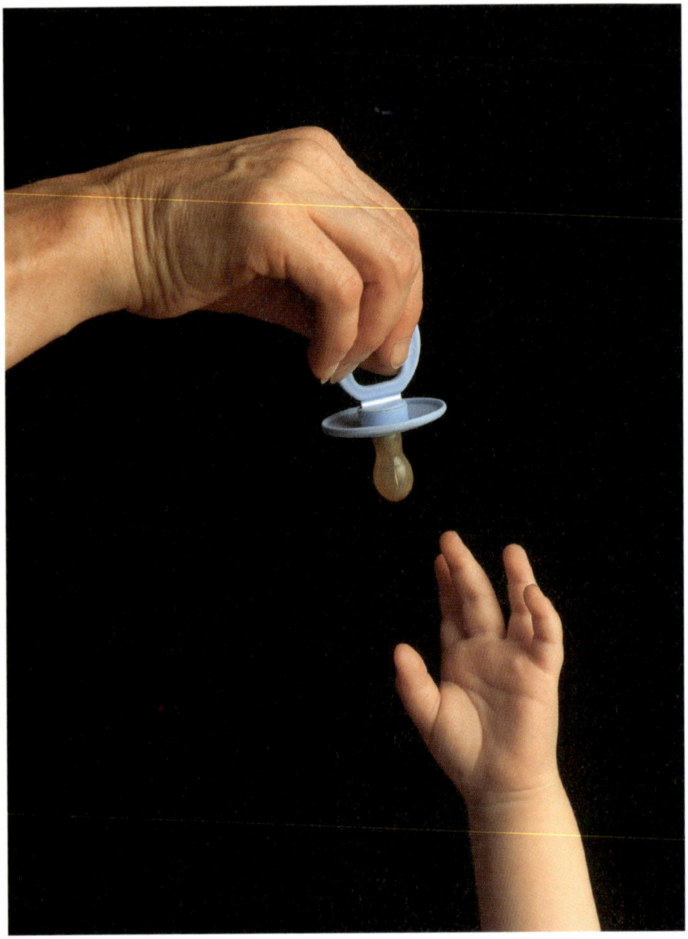

Um solche Verletzungen loslassen zu können, müssen sie zuerst einmal ins Bewusstsein gerückt werden. Die Verletzungen, den erlittenen Mangel ansehen, das ist der erste Schritt auf einem Weg, der zur inneren Heilung führt.

Der zweite Schritt ist es, die Wut und andere Gefühle zuzulassen, die immer mit erlittenen Verletzungen der Persönlichkeit einhergehen. Wer diese Gefühle immer wieder unterdrückt, verharmlost das erlittene Unrecht. Das hilft zwar bei der Verdrängung des Schmerzes, aber nicht bei der Heilung der Wunden. Alles, was ins Unterbewusstsein gedrängt wird, hat Macht über die Gegenwart und die Zukunft. Wer die eigene Gegenwart und Zukunft und die seiner Kinder positiv gestalten will, der muss den nächsten und dritten Schritt gehen und denen vergeben, die ihm die Verletzungen zugefügt haben.

Vergeben Sie Ihren Eltern, Großeltern oder anderen Erwachsenen, die Sie als Kind verletzt haben. Wenn ein Gespräch nicht mehr möglich ist, geben Sie auf jeden Fall Ihre Schuld und die anderer an den ab, der als Einziger mit Schuld wirklich fertig geworden ist. Bitten Sie Jesus Christus, dass er Ihren Eltern vergibt. Er ist stellvertretend für alle Menschen, die für ihr Versagen, für ihr Schuldigwerden und Schuldigbleiben den Tod verdient hätten, am Kreuz gestorben.

Dieser stellvertretende Tod ist die einzige Lösung für alle Schuld der Welt. Entscheiden Sie sich, Ihre Schuldiger diesem Jesus zu überlassen. Nicht Sie müssen Ihr Leben lang auf Rache sinnen oder Ihre Verhaltensnotlösungen an Ihre Kinder weitergeben. Sowie Sie die Schuld an Gott abgegeben haben, sind Sie frei, nach neuen Lösungen für Ihr Leben zu suchen. So werden Sie Schritt für Schritt weiterkommen

auf Ihrem Weg der inneren Heilung, und Ihre Kinder werden nicht gezwungen, Verhaltensnotlösungen nachleben zu müssen, sondern haben durch Sie erfahren, wie man konstruktiv mit Verletzungen umgeht. Verletzungen bleiben keinem Menschen auf dem Weg seines Lebens erspart.
Die Vergangenheit ist nicht in schnellen Durchgängen zu bewältigen. Oft erfordert Vergangenheitsbewältigung jahrelange Gesundungsprozesse. Aber der, der diese Auseinandersetzung scheut, hat seine eigene Vergangenheit in der Zukunft immer noch vor sich. Im Umgang mit Verletzungen erinnern Sie sich an die Bitte des Vaterunsers, des Gebets, das Jesus seinen Nachfolgern anempfohlen hat:
„Vergib uns unsere Schuld, wie wir denen vergeben, die uns Unrecht getan haben." (Matthäus 6,12)

2. Vorbeugende und helfende Rituale pflegen

Wer Kinder erzieht, gestaltet die Zukunft unserer Gesellschaft mit. Diese Herausforderung sollte man ernst, aber gelassen annehmen. Rituale, die helfen, den Familienalltag zu gestalten und für Entspannung in ihm zu sorgen, sollte jede Familie für sich selbst entdecken und entwickeln.
Trotzdem hier ein paar wenige Anregungen.

Ehezeit

Keine Beziehung kommt ohne Zeit aus. Der Alltag fordert seinen Tribut, ganz besonders von Eltern mit Kindern. Schnell kommen Missverständnisse auf, Vertrauen geht verloren, schlechte Umgangsformen zwischen den Ehepartnern schleichen sich ein und die Kommunikation kommt manchmal ganz zum Erliegen. Wenn Sie das Ziel haben, Ihren Kindern ein gutes Vorbild mit auf den Lebensweg zu geben, dann sollte Ihnen keine Investition an Phantasie zu viel sein, um Ihre Beziehung zueinander auf dem Laufenden zu halten.

Planen Sie bewusst Ehezeit ein in Ihren Alltag. Ein Abendessen zu zweit, ohne die Kinder, bei Kerzenschein und Wein, sollten Sie regelmäßig einbeziehen in ihre Wochenplanung. Hören Sie nicht auf, miteinander auszugehen, planen Sie ein Wochenende zu zweit und Zeiten, in denen Sie ungestört Gemeinschaft pflegen können – oder auch die angestauten Konflikte und Probleme bearbeiten, ohne Aufsichtspflicht, Kinderlärm und Kinderfragen. Solche Auszeiten zu organisieren ist immer auch mit Mühe verbunden, besonders, wenn Babysitter oder Großeltern nicht selbstverständlich zur Verfügung stehen. Aber bedenken Sie, das Mühen um eine gute Partnerschaft hat

seinen Sinn: Nicht nur gewinnen Sie durch eine bessere Atmosphäre in der Partnerschaft Lebensqualität hinzu; wenn Ihre Ehe scheitert, ist der Preis für alle Beteiligten ungleich höher.
Das Beste, was Sie für Ihre Kinder tun können, ist, Ihre Partnerschaft zu pflegen, indem Sie nicht zulassen, dass die Kritik aneinander zu gegenseitiger Verachtung und Abwehr führt und Sie schließlich füreinander blockiert. Beugen Sie diesen zerstörerischen Streitmustern vor, indem Sie sich Zeit füreinander nehmen. Wenn Sie dabei schon

auf Blockaden stoßen, die Ihnen ein gutes Miteinander nicht ermöglichen wollen, suchen Sie sich Hilfe und ruhen Sie nicht eher, bis Sie eine neue Perspektive für Ihre Beziehung gewonnen haben. Sie als Eltern bilden das Lebensfundament für Ihre Kinder. Wenn das Fundament wackelig und brüchig ist, sind Risse im Lebenshaus vorprogrammiert.

Familienkonferenz

Um gute Kommunikation in der Familie zu pflegen und offenen Umgang mit Konflikten einzuüben, ist das Ritual der Familienkonferenz zu empfehlen. Sie gibt Eltern und Kindern die Möglichkeit, gute Umgangsformen miteinander zu trainieren. Sie fördert die Kommunikationsfähigkeit der Kinder untereinander und mit den Erwachsenen.

Offener Umgang miteinander und mit Konflikten und der Austausch über Gefühle und Wahrnehmungen sind positive Ergebnisse der Familienkonferenz, die Sie Ihren Kinder mit auf den Weg geben und die sie hoffentlich lebenslang begleiten.

Suchen Sie als Familie einen Termin, an dem alle Familienmitglieder zu Hause sind.

Anlass für die Einberufung der Familienkonferenz sollte nicht unbedingt ein Streit oder eine andere ungute Situation sein. Die Familienkonferenz soll nicht automatisch mit Stresssituationen in Verbindung gebracht werden. Sie sollte immer ermutigende und aufbauende Elemente für die einzelnen Familienmitglieder enthalten.

Das Ambiente, ein gutes Essen, ein schön gedeckter und dekorierter Tisch sollten dem Zusammensein der Familie einen besonderen Charakter geben. Auch in phantasievoller Gestaltung dieser Äußerlichkeiten können Sie Ihrer Familie gegenüber Ihre Wertschätzung ausdrücken.

Nach dem gemeinsamen Essen eröffnet das jüngste Familienmitglied die Gesprächsrunde. Es darf sagen, was es gut findet in der Familie und auch an einzelnen Familienmitgliedern, und genauso auch äußern, was es als störend empfindet. Auf diese Weise kann danach auch jedes andere Familienmitglied seiner Freude und seinem Leiden in der Familie Ausdruck geben. Nach jedem Beitrag tauscht man sich aus, wie die anderen das Geschilderte sehen. Wo es Probleme gibt, wird beraten, wie sie zu lösen sind oder wie man dem Einzelnen, der sie anspricht, besser gerecht werden kann. Nicht die Eltern sollen allein nach Lösungen suchen, sondern gemeinsam mit den Kindern nach Wegen suchen, um Beziehungen besser zu gestalten oder

Alltagsabläufe besser zu organisieren. So werden die Kinder einerseits ernst genommen und wertgeschätzt, andererseits aber auch mit in die Verantwortung genommen.
Die Lösungsvorschläge werden vom ältesten Kind in Form eines Ergebnisprotokolls festgehalten. Bei der nächsten Familienkonferenz wird überprüft, ob die gemeinsam erarbeitete Lösung auch in die Tat umgesetzt wurde. An dieser Stelle ist es wichtig, den zu ermutigen, der sein Vorhaben noch nicht in die Tat umgesetzt hat, und den zu loben, der konsequent war. Lob und konstruktive Kritik sollten sich möglichst die Waage halten.
Der Vater oder die Mutter sollten die Gesprächsleitung übernehmen und darauf achten, dass jeder zu Wort kommt und niemand verspottet oder ausgelacht wird, weil er sich (noch) nicht so gut ausdrücken kann oder ein anderes Handicap hat.

Familienspiele
Im Spielen tun wir so als ob. Wir üben im Spiel den Umgang mit den Dingen des Lebens ein. Spiel ist also auch immer etwas Ernstes. Im Spielen gewinnen wir, verlieren wir, richten wir unsere Aggression gegen jemanden, verbünden uns mit einem anderen, wir suchen nach Lösungen aus scheinbar ausweglosen Situationen und entfalten dabei unsere ganze Kreativität, müssen Konflikte ansprechen und lösen, helfen einander, sind darauf bedacht, an erster Stelle zu stehen, lassen mal anderen den Vortritt. Alles genau wie im richtigen Leben.
Spielen Sie mit ihren Kindern. Im Spiel kann sich die Familie wiederfinden. Indem man miteinander spielerisch streitet, miteinander lacht und im Spiel kooperiert, entspannen sich Beziehungen und man trainiert fairen Umgang mit den anderen. Spielen fördert konstruktiven Umgang und gute Kommunikation auf unkomplizierte Weise.
Bauen Sie Zeiten zum Spielen, zum Vorlesen und für gemeinsame Unternehmungen in Ihren Familienalltag ein. Jedes Ihrer Kinder wird dort für sich aufsaugen, was es gerade braucht und Ihnen als Eltern wird manches Licht aufgehen, während Sie Ihre Kinder im Spiel beobachten. Sie können aus Äußerungen und Verhalten Ihrer Kinder schließen, was dem einzelnen Kind gerade fehlt, wo es sich gerade in einer angespannten Situation mit Eltern oder seinen Geschwistern befindet.
Das Spiel schafft einen Freiraum für die Familie, wo unverkrampft und ohne besondere Anstrengung Hindernisse für ein gutes Miteinander aus dem Weg geräumt werden.

3. Identität finden

Im Brief des Apostels Paulus an die Römer gibt Paulus den klugen Ratschlag: „Nehmt euch gegenseitig an so wie ihr seid, denn auch Christus hat euch ohne Vorbehalte angenommen. Auf diese Weise wird Gott geehrt.“ (Römer 15,7)
Jeder Mensch, ob Kronprinz oder Nesthäkchen, hat es zuerst nötig, so angenommen zu werden, wie er ist, um die eigene Identität finden zu können. Identitätsfindung ist ein lebenslanger Prozess. In der Familie

wird der Einzelne mit dem Grundzubehör ausgestattet und schrittweise in die Lage versetzt, Verantwortung für das eigene Leben zu übernehmen. Das klingt ideal, aber ist bei einem jeden von uns mit Verletzungen, Versäumnissen und Übererwartungen von Seiten der Eltern und Geschwister durchsetzt. Sie sind nun mal die ersten Menschen, denen wir auf dem Weg unseres Lebens begegnet sind. Durch sie erfuhren wir die Palette der Empfindungen, die uns lebenslang begleiten: Liebe, Treue, Trost, genauso auch Eifersucht, Verletzung und Enttäuschung. Immer wieder begegnen wir Menschen, die uns ihrer Liebe versichern, und doch scheint das nicht auszureichen. Immer wieder sind da die Grenzen in der eigenen Persönlichkeit. Was menschliche Liebe und Beziehung uns nicht geben können, ist die Versöhnung mit der eigenen Person. Wir müssen einverstanden sein mit unserer sehr individuellen Ausstattung als ältestes, einzelnes, mittleres oder jüngstes Kind. Denn letztendlich haben Sie selbst entschieden, wie Sie reagieren wollten auf die Herausforderungen ihrer Eltern und Geschwister. Überwiegend ist das natürlich ein unbewusster Vorgang. Aber auf diese Weise ist jeder zum Teil das Produkt seiner Umgebung, aber immer auch ein Produkt seiner eigenen Entscheidungen.

Letztlich finden wir Menschen nur in der Beziehung zu Jesus Christus unsere wirkliche Identität.

Letztlich finden wir Menschen nur in der Beziehung zu Jesus Christus unsere wirkliche Identität. Er ist der heruntergekommene Gott: In ihm ist der Schöpfer unseres Lebens zu uns auf die Erde gekommen und hat deutlich gemacht, wie er sich Leben vorstellt. Er ist es, dessen Liebe uns zu dem Sinn und der Erfüllung verhelfen kann, die unsere Suche nach einem ewigen Ziel des Lebens beenden kann.

Henry Nouwen beschreibt diese Liebe in seinem Buch: „Du bist der geliebte Mensch“, indem er Worte der Bibel zusammenfasst:

„Ich habe dich bei deinem Namen gerufen, von allem Anfang an. Du bist mein und ich bin dein. Du bist meine geliebte Tochter, du bist mein geliebter Sohn, an dir habe ich immer Wohlgefallen. Ich habe dich in den Tiefen der Erde geformt und dich im Schoß deiner Mutter gewoben. Ich habe dich in meine Hand geschrieben, habe dich im Schatten meiner Flügel geborgen. Ich blicke auf dich mit unendlicher Zärtlichkeit und sorge mich um dich mit einer Sorge, die noch viel tiefer geht als die Sorge einer Mutter um ihr Kind. Ich habe jedes Haar deines Hauptes gezählt und jeden deiner Schritte geleitet. Wo immer du hingehst, gehe ich mit dir, und wo immer du ruhst, wache ich über dir. Ich will dir Nahrung geben, die all deinen Hunger sättigen wird, will dir einen Trank geben, der all deinen Durst stillen kann. Ich will mein Angesicht nicht vor dir verbergen …“

Dieser Gott hat Interesse daran, dass Ihr Leben gelingt. Er hat Freude daran, wenn Sie sich wohl fühlen in ihrem Lebenshaus. Er ist auch da, wo Sie renovieren und restaurieren. Er eröffnet Ihnen neue Räume. Falls Sie ihn noch nicht kennen, machen Sie sich auf die Suche nach ihm, er wartet auf Sie!

Literatur

Ansbacher, H. L. und R. R., Alfred Adlers Individualpsychologie, Ernst Reinhard Verlag, 1972

Backhaus, Arno, Arnos Familien-Spiele-Buch, Brendow Verlag, 2003

Dieterich, M., Psychologie und Seelsorge, R. Brockhaus Verlag, 1994

Geo, Nr. 3, 2000

Geo, Nr. 9, 1997

Gordon, T., Familienkonferenz, Hoffmann und Campe 1970

Leman, K., Geschwisterkonstellationen, Claudius Verlag, 1991

Sullivan, B. A., Warum bin ich so, Edition Trobisch, 1982

Sulloway, F. J., Der Rebell der Familie. Geschwisterrivalität, kreatives Denken und Geschichte, Siedler, 1997

Toman, W., Familienkonstellationen, Verlag C. H. Beck, 1965

Wright, N., Geschwister Forever, Franke Ratgeber, 2001

Claudia Filker

Mit Kindern über Gott sprechen

Wenn Kinder fragen, geraten Eltern schon mal ins Schwimmen. Dieses Buch zeigt Ihnen, wie Glaubensinhalte im Familienalltag einfach und kindgerecht vermittelt werden können. Mit vielen praktischen Ideen, Liedern und Gebeten.

96 Seiten, Paperback, Bestell-Nr. 627 450

Annemarie Pfeifer

Erziehung ohne Sieger und Besiegte

Erziehung ist kein Kinderspiel. Wo sind die Grenzen? Wie geht man mit Konflikten um? In der Art eines kleinen Seminars leitet das Buch Sie praxisnah dazu an, einen liebevollen und konsequenten Weg für die Erziehung der Kinder zu finden.

96 Seiten, Paperback, Bestell-Nr. 627 452

Christhart Vorländer

Für eine erfolgreiche und unbeschwerte Schulzeit

Schule soll mehr sein als betreutes Pauken. Dazu können Eltern vom ersten Tag an eine Menge beitragen. Ein erfahrener Pädagoge erklärt anschaulich und praxisnah, wie es Ihnen gelingt, Ihren Kindern Hilfestellungen für einen erfolgreichen Schulalltag zu geben.

96 Seiten, Paperback, Bestell-Nr. 627 453

ONCKEN VERLAG WUPPERTAL UND KASSEL

Regine Lübben-Chambí / Hannelore Jackson

Kinder lernen spielend

Unglaublich viel lernen Kinder durch das Spiel, durch Nachahmen, durch Spielen mit dem ganzen Körper und allen Sinnen. Hier erfahren Sie alles, was Sie als Eltern über Kreativität, spielerische Wissensvermittlung und soziales Verhalten wissen müssen.

96 Seiten, Paperback, Bestell-Nr. 627 454

Ulrich Giesekus

Lust, Frust und Launen verstehen

Ulrich Giesekus gibt Informationen und verlässlichen Rat, wie Sie Ihren Teenie beim Erwachsenwerden begleiten und unterstützen. Wie unterscheiden Sie ernsthafte Probleme und Phasen? Wie ist der Einfluss von Freunden? Was können Eltern bewirken? Wie lernen Sie loszulassen?

96 Seiten, Paperback, Bestell-Nr. 627 456

Christoph Zehendner / Claudia Filker

So bringen Sie Ihr Kind sicher durch die Medienflut

Wenn Sie Ihren Kindern Orientierung und hilfreiche Regeln im Umgang mit Medien geben wollen, müssen Sie sich selbst gut auskennen und immer wieder mit Neuem vertraut machen. In diesem Buch zeigen Eltern, dass es sogar Spaß machen kann, die Welt der eigenen Kinder besser kennen und verstehen zu lernen.

96 Seiten, Paperback, Bestell-Nr. 627 455

ONCKEN VERLAG WUPPERTAL UND KASSEL